Я - МАГНИТ

Я - МАГНИТ

ЕЛЕНА ГУЩИНА

УДК 159.9
ББК 88.3
Г 981

Елена Гущина
Я – МАГНИТ (Рус.)
I'M MAGNET (Англ.)

Гущина Е.
Г 981   Я – МАГНИТ / Елена Гущина; [Англ. I'M MAGNET, Elena Gushchina]. – 2015. - 272 с. – Опубликовано в ЕС.

УДК 159.9
ББК 88.3

ISBN 978-952-68354-2-6 (Мягк.обл.)
ISBN 978-952-68354-3-3 (EPUB)

immag.net
#immagnet

Учение — это лишь открытие того, что ты уже давно знаешь.

Совершение поступков — это демонстрация того, что ты действительно знаешь это.

Обучение — это напоминание другим, что они знают всё так же хорошо, как и ты.

Все мы учащиеся — исполнители, учителя, обучающиеся.

~ Ричард Бах

Посвящается всем вам.

С любовью.

Содержание

Несколько слов

Когда знакомишься с принципами работы силы мысли и начинаешь применять знания на практике, невольно хочется достигнуть большего, сразу и беспрепятственно. Многие сталкиваются с определёнными трудностями, некоторые разочаровываются, не видя быстрых результатов, а кто-то начинает ставить под сомнение само использование силы мысли и, как я поначалу задаётся вопросом: "А не обманываю ли я самого себя?".

Воодушевлённые же всё новыми и новыми открытиями, мы вдруг встречаем непонимание близких нам людей. Почему так происходит? Почему в окружении нас осыпают сомнениями, высказывают свои "против", не прислушиваются и продолжают жить, мыслить, по нашему мнению, не совсем соответствуя принципам законов Вселенной?

Нам может казаться, что все этапы пройдены, мы добились гармонии с самим собой, но мы снова оказываемся в ситуациях, вызывающих наше негодование. Почему, имея позитивное мышление, здоровый образ жизни, на нашем пути возникают очередные препятствия? Работает ли закон притяжения в нужном нам ключе, всегда и везде, при любых обстоятельствах? Можно ли быстро повлиять на ход событий, развитие ситуации? Так ли необходимо "предпринять действия" и какие именно действия должны осуществляться? Как найти себя и реализовать свои потенциалы? Как изменить свою жизнь, найти в себе ту силу, которая будет воплощать в реальность образы наших мечтаний?

Прочитав книги о том, как достичь богатства и процветания, многие так и не могут сдвинуться с места, не решаются применять накопленные знания. Да, действительно, с помощью силы мысли можно достигнуть несметных богатств, добиться высоких результатов, воплотить самые смелые желания, но есть некоторые условия, при которых это может стать возможным. Вместе мы пройдём путь, взойдём на ступени необходимого уровня сознания, которые поспособствуют пониманию своей внутренней силы, обретению уверенности и равновесия, так необходимых в успешной материализации желаемого.

Позвольте поделиться с вами своим более чем десятилетним опытом осознанного применения силы мысли, дать вам более глубокое понимание существующих закономерностей на примерах из собственной практики, воодушевить вас на мечты и их исполнение через уже более широкое ваше сознание.

"Я - Магнит" ответит на волнующие вопросы, поможет взглянуть на себя со стороны. Вы увидите знакомые ситуации, влияние на них с помощью силы мысли, любви и последовавшее за ними развитие удивительных событий. Вы ощутите понимание всего с вами происходящего, вплоть до причин встреч с теми или иными людьми. Вы найдёте способ гармонично взаимодействовать с окружающим вас миром, начнёте осознанно применять различные, проверенные опытом автора, методы и техники.

"Я – Магнит" раскроет принципы работы с мыслями через понятные и лёгкие для восприятия примеры из повседневной и обычной жизни, которые вам захочется испытать на практике самому, увидеть, ощутить работу мысли и осознанно начать применять её силу, всё больше и больше воодушевляясь уже через собственный опыт. Вам откроется вся лёгкость и естественность работы универсального закона притяжения. Вы научитесь применять свои способности без борьбы, научитесь ставить перед собой большие жизненные цели и ведущие к ним промежуточные цели, так необходимые в успешном сотрудничестве с Вселенной. Вы покорите вершину закона притяжения.

Озарения будут происходить с вами каждый день, даже после прочтения этой книги и потому, я уверена, вы найдёте тот волшебный ключик, с помощью которого вам откроются двери, а ваши желания материализуются наилучшим для вас способом.

Научившись управлять своей силой и энергией, вы заметите явную перемену в самом себе: вы станете увереннее, сильнее духом, возрастёт ваше самоуважение. Вы сможете влиять на ход событий, измените своё восприятие мира и свою жизнь.

Предлагаю вам настроиться на позитивную волну, включить приятную музыку, устроиться удобней и приготовиться к великому путешествию в мир своих мыслей. А с помощью правильной установки вы сможете ощутить благоприятные изменения ещё во время прочтения этой книги:

- будучи счастливым, я притягиваю к себе легко и без сомнений любовь и процветание.

Принимайте источники блага, света, любви, радости, здоровья через ощущения, которые вы здесь получите, и пусть каждая позитивная эмоция сделает вас на шаг ближе к цели, наполнив вас силой и уверенностью.

Я люблю вас и искренне желаю вам приобретения творческой уверенности, воодушевлений, великих свершений и преумножения вашего благополучия.

Ваша Елена.

Магнетическая сила книги

Вы знаете, что магнит обладает свойством притягивать разноимённые полюса или отталкивать от себя тела с одноимёнными полюсами. Когда же мы заявляем "Я – Магнит", мы подразумеваем то свойство и ту силу, которые присутствуют в магнетизме: силу притяжения. Магнетическая энергия в законе притяжения распространяется во Вселенную и притягивает к нам те вещи, тех людей и те обстоятельства, которые схожи по вибрациям с нашими мыслями. Всё приходит в нашу жизнь через некий магнетический канал, и каждый человек обладает способностями контролировать собственную жизнь и притягивать осознанно нужные позитивные изменения.

Возможности человеческого мозга безграничны, - это мощный генератор, вырабатывающий и посылающий во внешний мир электромагнитные колебания. Мысли являются электромагнитными импульсами, создающими свои вибрации. Энергия мысли преобразуется в волну, которая, в свою очередь, преобразуется в некоторый вид энергии или материи. Мысль приводит к фактическому созданию материи, создаёт реальность, взаимодействуя, тем самым, с физическим миром. И чем больше энергии или внимания мы уделяем той или иной мысли, тем с большей вероятностью она приобретёт свои физические формы. Именно с помощью вибраций магнетизма своих мыслей мы создаём свой мир, события в нём, своё окружение. Человек, стремящийся к славе, богатству, успеху и признанию, достигает свои цели. Когда человек желает приобрести ту или иную вещь, встретить на своём пути нужных людей, создать нужные условия, - ему это и предоставляется.

С помощью правильного внутреннего настроя мы можем придать окружающим нас предметам магнетическое качество, качество притяжения, сходное по вибрациям вниманию, оказанному данному предмету: вода примет исцеляющие свойства, шкатулка будет исполнять вложенные в неё желания, а наш любимый костюм станет удачным для выступлений. Наполненный приятными воспоминаниями, нашей любовью, так понравившийся камушек с морского побережья, или же дорогое сердцу какое либо украшение, станет, посредством счастливых эмоций, нашим талисманом, предметом силы, способным исполнять желания.

Я предлагаю вам начать практику притяжения желаемого прямо сейчас, с предметом, который находится перед вами и который заряжен безусловной и нескончаемой силой Любви. Позвольте книге, наполненной благотворным магнетизмом, стать семейным или личным проводником в грядущих ваших внутренних переменах, в проявлении желаний в вашей реальности. В книгу вложена энергия света и созидания, она осознанно наполнена силой, способствующей материализовывать ваши намерения. Она дышит доверием и благодарностью. В ней - музыка души, искренняя любовь, радость жизни. Она по своим вибрациям схожа с эмоциональным равновесием, духом творения и счастья.

Книга "Я - Магнит" станет вашим личным предметом силы. Вложив в неё картинку или фотографию, к примеру, с домом на побережье, образ вашей мечты зарядится могущественной силой Любви. Зная, что ваше желание находится в гармонии с вселенским источником, вы будете ощущать защищённость, веру, что всё задуманное сбудется. Добавив своей любви, своих позитивных эмоций этой книге, вы будете доверять ей и сможете добиться даже невероятного воздействия её магнетизма, вплоть до помогающего исцелению.

Я же благодарю вас, так как именно вы сделали книгу "Я - Магнит" реальной, притянув своим желанием найти ответы и приобрести уверенность, что вы - на правильном пути. Искреннее вам спасибо за это! Общайтесь с книгой, сделайте её живой: пролистывайте и просматривайте свои в ней записи и вложенные желания, наполненные чудодейственными силами любви и благодарности. А название, говорящее само за себя, притянет к себе, точнее, к вам, как магнит, насыщенную, изобильную, интересную жизнь, полную уверенности, доверия и счастья. Вашим желаниям суждено сбыться. Ведь всё, что написано или сказано кем-либо ранее, имеет своё проявление в нашей реальности. Помните об этом и пользуйтесь на здоровье.

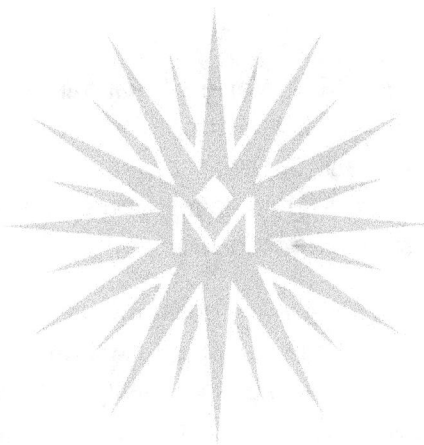

Установка ”Я – Магнит”

Я - Магнит - фраза, которую следует помнить, где бы вы ни были: на собеседовании, в самолёте, на собрании, у врача, в детском саду, школе, даже когда играете с ребёнком или общаетесь со своей второй половиной. Мысли, посещающие вас, притягивают именно то, что думаете. Помня, что вы - Магнит, вы сможете легче контролировать свои эмоции, формулировать свои позитивные ожидания и желания, отбросив все страхи и сомнения. Чем больше вы будете фокусировать своё внимание на личностном магнетизме, тем мощнее будет становиться воздействие установки ”Я - Магнит”, тем увереннее вы будете пользоваться ею, тем сильнее будет ваша внутренняя потребность направлять свои мысли и эмоции на то, что действительно хотите в своей жизни.

Утверждение "Я - Магнит" наполнено свойством магнетизма, применяя которое осознанно и в позитивном ключе, вы будете создавать благоприятное магнетическое поле, где ваши мечты начнут приобретать свои физические формы.

Установка "Я - Магнит" позволит выйти на тот уровень, который по своим вибрациям будет соответствовать вибрации или магнетизму вашего желания. А когда вы в энергическом согласии с желаемым обстоятельством или объектом, вы будете чувствовать уверенность в его материализации, вы будете воодушевлены. В ответ Вселенная будет направлять вас и все ваши действия к осуществлению мечты, делать всё возможное для её проявления.

Как всё начиналось

Я родилась в 1976 году в Казахстане, но перед тем как пойти в школу, мы переехали в Карелию, в северный город Костомукша на границе с Финляндией. Город строился финнами, а въезд в него был только по специальному разрешению. В то время была ещё советская действительность, когда с иностранцами запрещалось общаться, поэтому о каких-то финских благах никто и не думал, просто даже не имея никакого представления о них. Я росла в любви своих близких, но в тоже время я была очень застенчивой, друзей у меня было мало. Наступили 90-е годы... Мне нелегко было подростком становится на правильный путь, мы жили от зарплаты до зарплаты, а порой и её не было, точнее, приходилось ждать месяцами.

Были радости, взлёты, но были также и неудачи, падения, переживания, безденежье и разочарования. В 1995 году я поступила в Петрозаводский педагогический университет, но обстоятельства сложились так, что я уехала учиться в Финляндию на год, где так и осталась.

Свой трудовой путь в чужой тогда ещё для меня стране я начинала с летней работы, не поверите, на кладбище. Нас было несколько студентов, которые ухаживали за цветами и убирали опавшую сухую листву. Приходилось возить тяжёлые тележки с землёй, так что к концу дня я не чувствовала ног. Но всё же я с теплом вспоминаю те дни. Кладбища в Финляндии - красивые и ухоженные. Там - спокойно и легко. Мне нравится, что здесь, в канун католического Рождества, все выезжают на кладбища семьями и зажигают свечи, озаряя, таким образом, память тем, кого нет с нами.

В России я могла стать учителем английского языка, поэтому переезд в Финляндию меня долго не вдохновлял. Культурный шок, рассеянное восприятие другой жизни не позволяло задуматься о возможностях, которые открывала эта замечательная страна. Я благодарна своим родителям, которые позволили мне самой осмыслить и решить, что для меня важнее, и, уже с полным принятием новой жизни, я вскоре вступила на новый и волнительный путь взросления в стране Санта Клауса.

В любви мне не везло. Но сейчас я знаю, что это было в силу моего застенчивого характера в то время.

Я не видела выхода. Мы так привыкаем ко всяким негативным проявлениям в своей жизни, что просто начинаем к ним приспосабливаться и не замечаем главного: всё это можно изменить. Но для того нам, наверно, и даются наши ошибки, опыт и личностный рост, чтобы мы самостоятельно, как пазлы, складывали постепенно, но уверенно и красиво свою уникальную жизнь. Так, "пройдя по горящим углям", я обрела силу, уверенность в себе и своей значимости и встретила свою любовь. Это был подарок в мой день рождения. Я приехала в Россию оформить новый заграничный паспорт, а мой будущий муж остановил меня в коридоре госучреждения и подписал моё заявление.

Отношения с моей второй половинкой окутали меня настоящей и чистой любовью и позволили высвободиться колоссальному количеству энергии. Во мне открылась свобода быть такой, какая я есть. В гармоничных отношениях преумножилась моя сила любить, а я позволила себе быть любимой.

Проникновенность души способна открыть самые глубокие уровни сознания, что значительно помогает увеличить внутреннюю силу человека. Искренняя любовь делает нас чище и светлее, обогащает и заряжает энергией нас самих и наше окружение. Мы впитываем в себя любовь родителей, окружающих нас людей с рождения. В любой момент мы можем воспользоваться этой чудодейственной силой и мысленно наполнить ею пространство, в котором мы находимся.

Я горжусь своим славянским происхождением, той глубиной чувств, которые воспитываются в славянской среде. Эти чувства необходимы в процессе сотворения мира, где превалируют Любовь и Процветание.

Я отношусь к тем людям, которым надо всё и сразу. Где-то это мне, естественно, помогало, но где-то и мешало. Такие ступени, как "простить", "принять ответственность за всё, происходящее в своей жизни", "предпринять действия", мне казались излишними, да особо-то я тогда и не понимала их значимости. Мне казалось пустой тратой времени, когда мне необходимо было заполучить желаемое мгновенно. Когда же я стала ощущать негативные мысли физически, в буквальном смысле слова, а масштабное желание вставало комом в горле, как будто внутренне что-то блокировалось, то поняла, что над собой, своими мыслями надо ещё работать и работать.

Проанализировав множество книг по психологии, силе мысли и даже учению системы Рейки, я в какой-то момент поняла вдруг всю простоту в материализации желаемого. Кое-что читалось вскользь, лишь нужные фразы ухватывались, но такие книги тоже ценны: одно слово может перевернуть жизнь.

Когда у меня появилась семья, пошли семейные будни, мой один дорогой и близкий человек сказал: "Ты сама виновата, что у тебя нет денег". Я интуитивно приняла фразу именно в нужном, правильном ключе. И именно эти слова встряхнули меня, послужили целой школой осознания причин, приведших к сложившейся ситуации, заставив переключить моё внимание на то, что я в действительности хочу. Тогда я по-настоящему почувствовала, что значит нести ответственность за происходящее в своей жизни. Ведь в то время я концентрировала своё внимание на замкнутом круге, на долгах, на "-1000€" в месяц.

"Если я могу влиять на отношения с помощью мысли, то почему бы не улучшить и финансовую сторону?", - подумала я.

С тех пор я рисовала в голове "+1000€" с чувством благодарности. Оплачивая счета, покупки в магазине, чувство радости я поначалу вызывала в себе. А позже это чувство стало входить в привычку. Ко всем расходам я стала относиться более разумно, отказалась от "лишних" страховок и принципиально перестала приобретать что-либо в долг. Долговая яма - канал. Человек, живущий за счёт долгов, не позволяет энергии денег протекать свободно.

Не могу объяснить, что произошло, но именно под воздействием мыслей ситуация в корне изменилась, и довольно скоро, через два-три месяца я уже могла видеть существенные перемены. Денег вдруг стало становиться более, чем достаточно, появилась возможность позволить если не каждый месяц, то каждый второй, делать и большие покупки для дома, а также выплачивать оставшиеся долги. И, несмотря на уже увеличенные расходы, загаданная тысяча евро "продолжала" к концу месяца оставаться на счету. Вскоре пошли накопления. А через какое-то время я вдруг осознала, что могу в своей визуализации с таким же успехом к 1000 добавить ещё 1000 .. и ещё.

Открывая банковскую страницу, я стала всё чаще обнаруживать именно ту сумму денег, которую заказывала у Вселенной. Зная приблизительно остаток, я намеренно, прежде чем зайти на страницу своего счёта, увеличивала его мысленно, и... моему взору представала та сумма денег, которая мне на тот момент была необходима. Предупреждаю: совершенно бесполезно пытаться проследить, откуда вдруг "свалилось". Деньги - всего лишь энергия, и они появляются согласно нашему вниманию. На форумах в интернете вы найдёте множество подобных случаев, и их становится всё больше и больше.

В моём окружении появилось больше успешных людей, с которыми стало естественным обсуждать различные источники доходов и приобретение финансовой независимости. Своим обновлённым отношением к жизни я смогла притянуть к себе предприимчивых и творческих личностей.

Мы получаем то, что позволяем себе иметь. Именно та сумма появляется у нас на счетах, которую внутренне мы можем себе позволить. Если попросили миллион, но он у вас застрял "комом в горле", значит вы позволяете своим предрассудкам блокировать поступление днег, богатство и достаток. Освободившись от прутьев "не в деньгах счастье, деньги - это плохо", вполне заслуженный миллион может материализоваться у вас на счетах.

Наше энергетическое поле, реагируя на наши негативные мысли, эмоции, ломается, что приводит к ухудшению здоровья, отношений и даже к потерям. Мы всегда приобретаем в большем объёме то, за что испытываем благодарность, даже если оно нам кажется незначительным. Мы теряем то, что не ценим. Идя с обидой, испытывая отчаяние или жалость к себе, критикуя, завидуя, мы только усугубляем обстоятельства. В силу вступает энергия неблагодарности, которая усиливает воздействие негатива и ухудшает ситуацию.

Бывает, что многие потери могут вести и к самой цели: попав под сокращение, вдруг решились на переезд в другой город и, вплотную занявшись поиском интересных вакансий, получили работу своей мечты, да ещё и в таком месте, где когда-то мечтали жить.

Потери же близких нам людей могут быть завершением их собственной миссии. Те, кто уходит, сами решают, в какой точке жизни они могут покинуть этот мир. Мне помогла понять смысл и уход близкого человека книга Сильвии Браун "Жизнь на другой стороне". Меня она потрясла тем, что в ней я увидела подробное описание своих снов, а потому, мне было понятно и легко воспринимать информацию, а с ней и принимать утрату.

То, что окружает нас, будь то завистники, не совсем здоровые люди, - отражение наших собственных мыслей. Всё просто: пока в нашем окружении существует что-то, не приносящее нам удовольствие, нам следует самим измениться, изменить своё отношение. Если какое либо неприятное воспоминание не даёт покоя, нужно избавиться от его негативного воздействия. А избавиться мы можем через освобождение, простив не только обидчиков, но и самого себя.

Никакие мнимые учителя, якобы устраняющие сглаз или порчу, не исправят никакую ситуацию, пока в нас живёт обида или пока верим, что вредное для нас воздействие обидчиков или завистников существует. Взяв на себя полную ответственность за всё происходящее в своём окружении, мы перестаём создавать неприятные истории в своей жизни.

Каждый из нас сам создаёт свою реальность. Мы никого не должны винить, даже себя, так же, как и на нас никто не должен взваливать ответственность за свою жизнь или свои проблемы. Когда мы освобождаемся от разрушающего негатива, - не только наша жизнь становится иной, улучшенной, но и жизнь наших близких, дорогих нам людей, так как они, опять же, являются нашим отражением. Мы ни в коем случае не должны сокрушаться и упрекать себя или кого-то ещё за сложившиеся обстоятельства. Нам следует просто увидеть и признать свой внутренний мир, взять на себя ответственность за всё происходящее, понять, что именно требует изменений и предпринять необходимые действия, откорректировав свой образ мышления.

Чтобы чего-то достичь, надо начать действовать. Долгое время мне не хватало смелости признать, что привычный ритм жизни надо менять. Не было места тому, чтобы увлечься по-настоящему тем, что я на самом деле люблю. Я поняла, что такое "начать действовать", когда я позволила себе мечтать вдруг о переезде всей семьёй в одну из южных европейских стран. Именно это желание подтолкнуло меня задуматься над более важной целью: работая менеджером, но "на дядю", пора было становиться самостоятельной, обретать независимость, чтобы заниматься в любом уголке земного шара тем, что доставляет мне удовольствие и при этом иметь стабильный доход.

Желание переехать, имея финансовую независимость и занимаясь деятельностью "по душе", было жарким, сильным и чётким порывом, поэтому в самом скором времени я, которой не терпелось поделиться своими навыками в материализации желаемого, самостоятельно всё изучив, завела свой блог на тему "сила мысли ".

Именно **сильное** желание вынудило меня ознакомиться с технической стороной создания блога. Чтобы блог приносил доход, мне нужна была информация, с помощью которой бы я поняла техники правильного написания и оптимизации сайта. Я мысленно настроилась с помощью мысли "пусть необходимые сведения сами ко мне придут", представив себя открытой всем мыслимым и немыслимым возможностям. Я **жаждала** информации. Через неделю мне позвонила подруга: "Помоги мне, пожалуйста, попасть на курсы online по инфобизнесу, запишись, пожалуйста, тоже". Это было то, что надо! Попав на 3-недельный виртуальный тренинг, я была поражена нахлынувшему потоку информации. Спасибо огромнейшее всем тем, кто сделал эти многочисленные семинары возможными! Этот 3-недельный курс был абсолютно бесплатным, по числу слушателей занявший своё место в книге рекордов Гиннеса. Было много действительно ценной и полезной информации, достаточно грамотно выводились "заголовки и пунктики", чётко направляющие работу мозга в нужное русло. Таких энергичных, деловых и умных людей стоит слушать и внимать. Тот, кто ищет информацию, услышит её и зарядится от этих профессионалов бешеной энергетикой. Вершителем этого тренинга был, в буквальном смысле слова, агрессивный призыв к действиям!

Приобретая опыт в написании постов на своём сайте, я всё больше и больше начинала чувствовать азарт, сильное желание меня толкало всё к большим действиям: мне захотелось написать книгу. Делала попытки, но чего-то всё время не хватало. Сейчас понимаю, что не было в тех начинаниях ещё того, что вдохновляло бы меня. Мысленно я стала призывать это вдохновение, и оно пришло.

Побывав в музее Матисса в Ницце, я вдруг поняла, почему мы так ценим творчество, - ведь в него вложена душа, любовь к своему делу. А где любовь, там - неисчерпаемая сила, и это чувствовалось в работах великого мастера. Увлечённость, страсть к своему делу - секрет успеха многих творческих людей.

Я стала больше задумываться о создании своего книжного творения, которое я видела уже опубликованным в своём воображении и к которому у меня уже на тот момент появилось ..чувство любви. О силе мысли написано много, и все, кто писал о ней, уже стали известными личностями, добились огромнейших успехов, воплотили свои самые смелые мечты в реальность, а я ещё только на полпути. Меня мучали сомнения: "Вот, - думала я, - притяну дом на прекрасном побережье, тогда и напишу". Подсознание же всё время твердило: "пиши сейчас". Мне вдруг подумалось: " А что если в этом и есть моё предназначение, мой вариант развития событий, ведь путь можно пройти и вместе с читателем?" Мне не терпелось поделиться своими знаниями, ведь за плечами уже действительно весомый багаж "притянутых", желаемых себе здоровья, отношений, семейного счастья, карьерного роста и стабильного благополучия. И пока ещё свежи ощущения "как всё было", я решила донести суть происходящего, понятную как для начинающего практикующего материализацию мысли, так и для тех, кто тоже на полпути.

Воодушевившись, я приступила к написанию "Я - Магнит". И как же я не ошиблась! Это, действительно, - увлекательное занятие - каждый день открывать новую себя. Самое волнительное это то, что сам процесс написания книги, ранее мне не знакомый, оказался не только приятным времяпрепровождением, но ещё и глубокой медитацией, так необходимой мне сейчас для равновесия собственных сил в реализации своих побуждений и желаний. Секрет увлечения в том, что написав несколько страниц, я, занятая семейными делами и пока ещё основной работой, имея, таким образом, возможность сделать перерыв в создании своего творения, мысленно погружаюсь в написанные строки и дальнейшую информацию, которую выложу на бумаге. Это происходит на изменённом уровне сознания, где я мыслю ощущениями, любовью, и это доставляет огромнейшее удовольствие, наполняя меня энергией созидания, которая способствует творческому развитию. Это было для меня открытием! Я получаю удовольствие от медитаций ...между строк! Я пишу чувствами, характер которых, в буквальном смысле слова, материализует мои мысли на бумаге.

Чаще прикасайтесь к искусству, если вы ещё в поисках себя. Оставить след или дарить людям эмоции, благо - это и есть ваше призвание. Пусть это будет выращивание сада, воспитание детей или внуков, написание картин или книг, помощь людям, животным, организация концертов, дизайн украшений, одежды, выпечка тортов и так далее. Если своей работой вы сделаете счастливым кого-то ещё, вы будете наслаждаться своей деятельностью. Призвание и признание - неразделимые составляющие. Человек по-настоящему счастлив, когда он занимается любимым делом. А Вселенная, поверьте, позаботится обо всём остальном.

Начав писать "Я - Магнит", я почувствовала безграничную любовь к тому, что делаю, что нашла для себя. Слова "побежали" сами, как будто долго ждали моих рук. Позволяя силе любви пропитывать мой мир, целенаправленно входя в состояние изменённого сознания, давая волю своему воображению, я открылась для идей и событий, которые стали приходить ко мне как долгожданные гости, с широкой улыбкой на лице. Я стала понимать, что значит "начать заниматься любимым делом" и увидела, ощутила помощь сил, творящих наш мир.

Если у вас есть цель, начните заниматься любимым делом прямо сейчас, а Вселенной твёрдо и с любовью сообщите: "Я готов увлечься тем, что поистине люблю, позаботься, пожалуйста, о финансовой стороне! ".

Читайте успешные истории других людей, смотрите вдохновляющие фильмы, - они обязательно воодушевят вас на ваши собственные Великие Свершения.

Прорыв или квантовый переход

Книга "Я - Магнит" зародилась весной 2012-го года. Когда четверть книги была готова, стали происходить невероятные события. Вселенная стала проявлять себя по максимому. Воодушевление через свое стремление стать финансово независимой настроило, в буквальном смысле, меня и всё моё окружение на нужную волну. Моё внимание к моей жизни через написание книги усилило ощущение благодарности за всё происходящее со мной, а это, по всей видимости, вдохновило Вселенную открыть мне новые двери. Совершенно случайно, но в то же время, вполне естественно, как это бывает в подобных случаях и, когда человек действительно готов к нужным изменениям, материализовалась далее описанная ситуация.

Беседуя во время дружеского ужина с соседкой о целях в жизни, о возможных видах деятельности, которые бы приносили удовольствие, мы вдруг обнаружили невидимую ниточку, соединяющую наши умы и сердца, наше видение своего будущего. Она, с многолетним опытом преподавания в Финляндии, мечтала окунуться в своё преподавательское призвание самостоятельно, работая лишь на себя, а я, имея ответы на вопросы о принципах закона притяжения и силы мысли, прощупывала все возможные каналы, чтобы поделиться своими знаниями с людьми. Какая-то невидимая сила подтолкнула мои и моей соседки эмоции, цели и сплотила нас всего в двух словах: "А давай попробуем вместе". Мы обсудили детали сотрудничества наших тренингов и договорились о совместном пути на год, чтобы впоследствии, набравшись опыта, можно было бы определить точнее своё направление или предназначение, и начать самостоятельную деятельность.

Я не представляла себе чётко, будет ли интересно это финскому менталитету, справлюсь ли я с поставленной мною же задачей, хватит ли у меня смелости, в конце концов, но у меня было видение задуманного, а я стремилась к его проявлению в своей реальности.

Мы активно обсуждали тему нашей презентации. Со всей ответственностью распланировав совместные дальнейшие шаги, мы обозначили начало декабря сроком для своего первого выступления. Дата, отмеченная заранее в календаре, давала чёткое направление нашей работе и обязывала предпринимать определённые шаги.

Вначале у нас не было ничего, даже темы семина-ра, только две красивые записные книжки и ручки. Но что-то двигало нами. Каждая новая встреча прокла-дывала дорогу к цели, всё чётче её для нас вырисо-вывая, а каждый шаг доставлял неимоверное удо-вольствие.

Работая над материалом, я готовилась также пси-хологически к своему первому в жизни выступлению. Здесь стоит упомянуть, что презентация готовилась на не родном мне языке, каких либо стремлений высту-пать перед публикой у меня ранее не наблюдалось, не говоря уже о каких-то ораторских способностях. По-этому я не совсем понимала, как меня угораздило влюбиться в это дело. Но в то же время, пользуясь уже регулярно и с успехом принципом ”просите и да-но вам будет”, я обозначила для себя главные про-межуточные цели:

- мне необходимо научиться управлять своим голосом;

- я говорю уверенно, мой рассказ интересен, я не волнуюсь;

- я выступаю перед людьми с ощущением полной безопасности, комфорта;

- я люблю выступать перед людьми, мне нравит-ся обмениваться положительной энергией;

- я - Магнит: я и мой голос притягивают людей.

Смотрели фильм Чарльза Джэррота ”Подарки к Ро-ждеству”? Продавец в отделе парфюмерии Мэлоди

Пэррис составляет список желаний и опускает его в ящик с письмами к Деду Морозу. Фильм полон душевной романтики, где желания милой Мэлоди начинают волшебным образом сбываться. Вот так и я, составив свой список желаний, стала открывать новые двери и ..саму себя. Волнительный это процесс, надо признаться.

Имея теперь общую деятельность с соседкой, я поделилась с ней своим списком желаний. И надо же было такому случиться, что я, как в том фильме, получила желаемое практически мгновенно и ''за так''. Как оказалось, моя будущая партнёрша по бизнесу занимается ещё профессионально тем, что учит людей говорить и управлять своим голосом. И уже во время нашей первой совместной прогулки я на ходу начала ''кривляться'', использовать свой голос по максимуму. И тогда я заметила потрясающие изменения в себе: стала делать более сложные предложения на финском языке, громче и отчётливее произносить слова. Мне хотелось говорить без остановки. Я стала слышать саму себя, а мой голос начал мне нравиться. У меня появилась уверенность, что на своём первом официальном выступлении я обязательно блесну умением вести речь!

Каждый день приходили новые идеи, материал продвигался в довольно быстром темпе. Чем больше мы работали над ним, тем больше уверенности ко мне приходило. Я уже жаждала своего выступления. Вскоре мы решили попробовать пробную презентацию друг перед другом. Это был, наверно, самый трудный шаг. Предыдущая ночь прошла просто в диком волнении, мне никак не удавалось уснуть, а сердце так и норовило выпрыгнуть, я переволновалась не на шутку. Не выспавшаяся и уставшая, я собрала волю в кулак и отправилась на своё первое испытание.

Как оказалось, мы не были готовы к запланированному интерактивному общению, а наши темы и мнения разошлись в первые же минуты нашего пробного выступления. Я даже разозлилась. Хотелось всё забыть на какое-то время. И я знала, что моя соседка чувствовала абсолютно то же самое. Было два варианта развития событий: бросить всё или же найти в себе силы и снова поставить задачи, которые помогут-таки добиться поставленной цели.

И здесь меня настроило на нужный лад... посылание любви. Я мысленно проговорила слова "люблю, люблю, люблю" себе, соседке, нашей совместной деятельности. Таким образом, я старалась повлиять на энергию того, что с нами происходит. Мне хотелось, чтобы мы друг друга лучше понимали и доверяли. Ведь главное в успешном сотрудничестве, в создании доверительных отношений, будь то бизнес, отношения в семье или на работе с начальством, подчинёнными, коллегами, заказчиком, - проявить уважение и понять, чего хочет другая сторона. А доверие не только укрепит такой союз, но и создаст необходимые условия для благоприятного продвижения дела, во благо всем его участникам.

Моё посылание любви, несущее позитивную и созидательную энергию, тут же повлияло на дальнейший ход событий. Уже на следующий день мы пили чай и вели конструктивную беседу, откровенно признавшись друг другу в своих эмоциях и мыслях, выявив через пройденный этап и приобретённый опыт важные моменты, которые поспособствуют положительному и творческому развитию нашего бизнеса. Мы договорились о стратегии ведения интерактивного общения во время семинара. Мы признались в своих ожиданиях, в доверии, в вере в нашу идею, в ответственности её продвижения, и это вывело нас на новый уровень, - уровень, где тебя ценят и тебе доверяют. Мы укрепили наш творческий союз, дали друг другу сил и уверенности в успехе совместной деятельности.

Когда знаменательный день настал, было удивительно то, что не чувствовалось никакого волнения, а, наоборот, ощущалась полная гармония, было состояние ожидания чуда. Я продолжала верить, что справлюсь, найду подходящие слова, которые унесут аудиторию в мир моих мыслей, а в сердцах слушателей откроются пути в мир закона притяжения.

Моя напарница ввела в суть дела почти двадцать представителей разных фирм. Перед нами сидели милые женщины, среди которых я сразу отметила скептика, негативно настроенного человека, профессионального психиатра и одну свою подругу, которая уже давно и талантливо использует силу мысли. Эти личности явно выделялись, от них шла очень сильная энергия. Другие же присутствующие создавали гармонию, насыщенность события своей открытостью и своим любопытством. Царила идеальная атмосфера. Я чувствовала безопасность, доверие и позитив.

И вот настал мой час. Когда-то, ещё учась в финском университете, я замечала, что как только учитель мне задаёт на уроке вопрос, весь неугомонный класс замолкал. Мне приходилось говорить в полной тишине, в которой мой голос, казалось, отдаётся эхом. Я приписывала это к любопытству финнов к моему произношению. После учёбы прошло много лет, и я забыла уже про этот опыт. Но, начав свою презентацию, я вновь оказалась в том самом классе. Наступила такая тишина, что я снова услышала эхо. Мне даже не пришлось прикладывать никаких усилий, чтобы мой голос звучал громче. Я чувствовала его, он доставлял мне удовольствие, мне было легко им управлять.

Сработал наш стратегический план вести семинар в интерактивном общении. Аудитория активно принимала участие в процессе. Три часа пролетели незаметно. Мне было комфортно и даже весело. Я сделала то, о чём мечтала, к чему стремилась. Свершилось то, что ещё год назад казалось мне чудом. Я видела улыбающиеся лица перед собой, я ощущала синергию присутствующих, желание слушателей внести и свою частичку в происходящее. Я видела различные реакции на мои слова и, главное, я была свидетелем меняющегося на глазах образа мышления сидящих передо мной людей. Я торжествовала! Это был полный успех!

О возможных отзывах не думалось, я больше была сосредоточена на самом процессе. Мне было, конечно же, важно максимально раскрыться перед аудиторией, но я не ждала, что всем понравится наша тема. Но что же вы думаете? Все как один отметили, что было необычно и интересно. Многие открыли для себя новое восприятие мира, кому-то стали полезны наши практические задания. Сюрпризом для меня стало то, что одна из слушательниц после презентации сказала, что моя речь действует магически, а подруга, сидевшая в зале, восторженно произнесла: "У тебя - гипнотический стиль речи, который ни в коем случае нельзя менять, тебя хочется слушать и слушать". Моё утверждение "Я - Магнит" тоже сработало!

Итак, всего лишь полгода потребовалось, чтобы воплотить идею в жизнь. И я скажу, что это не долгий и не маленький срок, когда заключаешь соглашение с самим собой. Это труд, но труд по воодушевлению, доставляющий удовольствие и повышающий самооценку. Когда есть цель, то абсолютно всё во Вселенной способствует её благоприятному достижению.

Со мной произошла удивительная для меня вещь: преодолев все страхи, я справилась с поставленной мною же задачей и успешно. На следующий день после выступления один из мною любимых учителей Бёрт Голдман, один из авторов теории квантовых скачков, опубликовал на своём сайте вопрос к подписчикам: "Если бы сегодня был первый день оставшейся жизни, то что было вчера?" В доли секунды я вдруг осознала, что вчера у меня был квантовый переход, а сегодня - первый день другой жизни, с безграничными возможностями, которые я открыла для себя сама же, в буквальном смысле слова, за одну ночь. Я почувствовала, что теперь могу горы свернуть, что не существует каких-то ограничений, что я стала совсем другой. Со мной произошёл процесс удивительного квантового перехода: когда-то я представила желаемый результат и нужные условия, чётко осознав, что получу достаточно энергии, и ..перешла в желаемую реальность.

Вся окружающая нас энергия состоит из атомов, поэтому важнейшими взаимодействиями, влияющими на всё в окружающем нас мире, являются взаимодействиями между атомами и составляющими их элементарными частицами. Идея квантовой физики заключается в том, что квантовые частицы существуют в материальной форме на разных уровнях энергий. Квантовые физики полагают, что частицы существуют более, чем в одном месте в одно и то же время, из чего следует, что люди, состоящие тоже из частиц, существуют одновременно в более, чем одном месте. Бёрт Голдман является одним из создателей явления, известного как квантовый скачок, которое включает в себя квантовую физику и концепцию параллельных вселенных.

Возвращаясь с командировки, я вдруг обнаружила удивительное и необъяснимое: весь полёт я осознавала себя сразу в двух самолётах. Причём необычность и неестественность происходящего я поняла только во время посадки. Моё состояние было близко к гипнотическому, я размышляла о своей жизни и событиях в ней. В моей памяти отчётливо запечатлелось моё пребывание одновременно в двух разных местах, я видела своё отражение в иллюминаторах обоих самолётов...

Опираясь на идею бесконечного количества параллельных вселенных, Бёрт объясняет, что человек находится бесконечное число раз в этот самый момент, здесь и сейчас.

Раз мы способны существовать бесчисленное количество раз именно в этот момент, то, значит, что прямо сейчас мы можем быть известными политиками, актёрами, можем иметь яхту, у нас может быть счастливая семья. Мы можем быть богатыми, но мы можем и нищенствовать. Мы можем быть жестокими или добрыми. Всё зависит от того, какую параллельную реальность мы выбрали, какую жизнь мы предпочли своим вниманием. Бёрт стал за 6 месяцев известным фотографом. А ему уже более 85 лет. Он знал, что в другом измерении он является успешным мастером своего дела.

Вы можете влиять на здоровье, свои личностные качества, своё благополучие. Создайте другую версию себя, представив, к примеру, что вы известный актёр. Узнайте у него, как совершить переход в альтернативную реальность, где вы - это он. Произойдёт передача энергии, квантовый скачок, который поспособствует переходу в другое измерение.

Позвольте преподнести вам пример последующих моих квантовых скачков, а с ними и самого квантового перехода, непосредственно связанного с книгой "Я - Магнит":

- моя книга является бестселлером;

- снят фильм по моей книге;

- моя книга – МАГНИТ;

- моя книга приносит пользу, успех и удачу;

- моя книга является стимулом к действию и способствует обогащению;

- моя книга наделена мощной силой и исполняет желания и мечты;

- опубликовано продолжение книги "Я - Магнит", по которому снят фильм.

...Прошёл год и, как и планировалось, мы с соседкой вышли на новый, независимый друг от друга путь, не прекращая поддерживать друг друга и оставшись прекрасными друзьями. Мои личные тренинги приобрели формы, и я теперь свободно и успешно даю консультации в применении принципов закона притяжения, комбинируя силу мысли, силы различных энергий и НЛП практик.

Почва для развития нужных обстоятельств

Работа закона притяжения видна даже невооруженным взглядом, каждый день. Нами всегда что-то движет: амбиции, благополучие близких нам людей, желание оставаться здоровыми. Из любых ситуаций мы всегда ищем выход и, как правило, при помощи каких-то неведомых нам сил, находим его. Человек, не практикующий силу мысли, начинает применять её неосознанно или, я бы сказала, интуитивно. Ведь если оглянуться назад, не смотря на все препятствия, которые были раньше, мы продолжаем существовать в своей реальности. А это значит, что мы – творцы того самого мига между прошлым и будущим, а сила, которая создаёт настоящий момент, – внутри нас. Согласитесь, что ошибочно было бы полагать, что породившая нас сила находится где-то во внешнем мире, а не в нас самих?

Интуитивно мы порой идём по жизни, но всё, встречающееся нам на пути, - абсолютно не случайно. Каждый миг нужно ценить, несмотря на то, приносил он нам разочарование, боль, страх или радость. Каждый миг - урок, знак, что мы идём либо по правильному пути, либо что-то нужно изменить. Мы являемся творцами. Жизнь и всё, что в ней происходит, - Великий Дар. Принимая её такой, мы в любой ситуации сможем увидеть пользу для себя. Перестав негативно воспринимать происходящее, мы станем открытыми, позволим Вселенной исполнять наши желания, преумножать наше благополучие.

Чтобы Магнит в законе притяжения притянул подобное, именно благоприятное подобное, потребуется поработать над своим привычным восприятием мира. Меняя мысли, мы воздействуем не только на свою жизнь, но и на жизнь дорогих нам людей. Почувствовав уверенность в своих силах, применяя закон притяжения осознанно, вы перестанете сомневаться и научитесь доверять. Незаметно наступит период, когда ваша вторая половинка, ранее особо не прислушивающаяся к вашим возгласам по поводу реальности материализации желаемого с помощью правильного эмоционального настроя, вдруг радостно воскликнет: "Я зажигаю зелёный свет на светофоре с помощью одной лишь мысли!". А в разговоре со своими друзьями вдруг начнёт рассказывать о применении законов Вселенной вашими же словами. Это будет знаком для вас, что теперь, вы, не слыша в своём окружении ни слова, подвергающего сомнениям силы Вселенной, пришли к собственной уверенности и полному доверию в применении силы мысли. Сомнения, оставив вас, оставили и ваше отражение. Недоверие ваших близких к теме "сила мысли" растворится в воздухе, а вы, закрепившись в навыках материализации желаемого, станете ещё и ценным учителем для кого-то.

Пути, понятно, бывают разные. Гуру могут даже летать или перемещаться в пространстве, а мы можем начать с малого, да и не обязательно нам стремиться к глобальной трансформации. Начнём с дозволенного, с позволения дозволенности, доверия и благодарности, преодоления так свойственных нам, но в то же время, решаемых, страхов и сомнений.

Освободиться от препятствий, мешающих нам на пути, помогут всего несколько ступеней. Создав крепкий фундамент на здоровой почве, крепкую лестницу, мы наконец-таки ответственно станем относиться к событиям в своей жизни, обогатимся и притянем к себе всё только самое хорошее и без труда взойдём на вершину наших мечтаний, материализовав даже самые смелые желания.

Каждая ступень по-своему важна, каждая из них сделает вас ближе к цели.

1. Освобождение или прощение.

2. Благодарность.

3. Правильная формулировка желаемого.

4. Снятие важности.

5. Ощущение веры и позволение.

6. Визуализация и наполнение желаемого любовью.

7. Воодушевление, действия и выбор.

С помощью далее описанных практик вы с лёгкостью покорите вершину. А пока запишите далее свои желания. Они должны быть твёрдыми и понятными не только вам, но и Вселенной. Не бойтесь излишеств! Главное здесь - разобраться прежде всего в том, чего же именно вы хотите.

СПИСОК ЖЕЛАНИЙ

...к примеру:

- здоровье, семейное счастье;

- новый, современный, светлый и большой дом на берегу моря в спокойном, дружелюбном районе;

- стать известным во всём мире фотографом;

- новый BMW белого цвета, с кожаным белым салоном.

СПИСОК ЖЕЛАНИЙ

Освобождение или прощение

Пережив в своё время потрясение, я понимала, что из сложившейся ситуации нужно было искать выход: ради семьи я обязана была привести себя в чувство. Я отчаянно искала выход. Рейки, пришедшие ко мне удивительным образом, научили меня внутреннему спокойствию. Каждая получаемая настройка была для меня новым дуновением, новой силой. Я ощущала, как всё вокруг становится ярче с каждым днём. Я лечила свой внутренний мир, свои ощущения, а после Рейки стали неотъемлемой частью моей жизни, стали помогать мне влиять на здоровье всей семьи, на отношения и ситуации на работе, будь всё это в настоящем или в прошлом, но имееющее воздействие на события настоящего и будущего.

Рейки призвали меня простить себя, обидчиков, несправедливость. Сейчас я благодарна тому опыту, который привёл меня к счастливой, особенной жизни и пониманию всего происходящего.

У Рейки есть 5 жизненных правил. Доктор Усуи, сделавший энергию Рэйки доступной для всех людей, сформулировал их следующим образом.

1. Именно сегодня радуйся.

2. Именно сегодня ожидай самого лучшего.

3. Будь сердечен ко всему живому.

4. Честно зарабатывай себе на жизнь.

5. Будь благодарен за полученную благодать.

Вдумайтесь, именно эти жизненные правила являются главными предпосылками счастливой, а вместе с тем и успешной жизни. Отражаясь в нас через чувства и ощущения, они мотивируют нас настроиться на внутреннюю гармонию, на нашу "окрылённость" через созидание, ответственность, благодарность и любовь.

Счастливый человек не держит обид. Мы можем простить. Мы созданы любить. И чтобы прийти к правилам счастливой жизни, следует освободиться, очиститься от разрушающих энергий, перестать впускать их в свой мир. Человек, отдающий себе отчёт в том, что несёт в себе негативная мысль, какое воздействие она имеет, со временем полностью исключает из своей жизни всё, что вызывает негативные эмоции или имеет негативное воздействие. Человек выходит на новый уровень, где всё становиться доступным. Он вдруг осознаёт, что любая боль - это сопротивление, а любой страх мешает естественному движению и начинает ценить всё происходящее, выявляя только пользу от тех или иных событий, встреч с теми или иными людьми. Человек начинает плыть по течению любви и гармонии.

Есть ситуации, в которых кажется, что само прощение несправедливо. Но если мы хотим блага для себя, своих близких, чтобы негативные ситуации не повторялись вновь, прощение - необходимость.

Простить, приняв на себя ответственность за всё происходящее в прошлом, настоящем или будущем, на самом деле, не так трудно. Применение далее описанного способа легко даётся без какой-либо практики. Глубокое дыхание поможет расслабиться и войти на тот уровень сознания, в котором вы благотворно сможете поработать с техникой прощения. Подойдите мысленно к обидчику, представьте его маленьким ребёнком. Он один и беззащитен, но в то же время от него идёт тепло и свет, он ласково смотрит на вас. Обнимите, скажите, что любите его. Сила любви захлестнёт вас, а, почувствовав нежность к нему, сострадание и прощение, вы обретёте, прежде всего, самого себя, любовь к себе. Вам легче станет отпустить ситуацию. Даже произнеся про себя "люблю", вы уже сможете настроиться на канал Любви, с помощью которого расчистится ваше пространство от всего негативного. Вы почувствуете это, осознаете, что не существует обиды, кругом только свет. Вы простите.

Другая ситуация, когда обида сидит внутри ещё с детства. Возможно, вы и не помните конкретной ситуации, приведшей впоследствии к каким-то проблемам во взрослой жизни. Вечером, перед сном, когда вы полностью расслаблены, закройте глаза и вернитесь в детство. Посмотрите на себя, может быть, плачущего, а, может быть, хохочущего? Обнимитесь, скажите, что любите своего маленького Я, что вы счастливы. Наполните любовью всё, что вас окружает. Вы заметите, как помимо вашей воли начнут всплывать маленькие детали вашего детства, в памяти освежатся события радостные или не очень. Порадуйтесь вместе со своим "детским Я" солнцу вокруг, а грустные воспоминания наполните любовью, окружив всё вокруг пеленой мягкого света. Такие путешествия очень увлекательны и полезны: воспоминания порой приносят с собой море эмоций, наполняя нашу жизнь яркими цветами и красками из детства. А возможные страдания с детства начнут потихоньку стираться, исключив, таким образом, своё негативное воздействие на настоящее или будущее. Возвращайтесь всегда с такого путешествия с чистым сердцем, со знанием, что вы уже благоприятно повлияли на свои события в прошлом, свои воспоминания.

Практикуйтесь в прощении до полного освобождения, или пока ваш ум не перестанут посещать тревожные мысли. Бывает, что я совершенно без эмоций просто произношу про себя "люблю, люблю, люблю". Сила такой энергии ничуть не меньше: энергия слова "люблю" равносильна чувству любви, когда вы чисты, а ваши намерения искренни. Если поначалу наполнение любовью обидчиков или ситуаций в настоящем или прошлом не под силу, Молитва всегда поможет. Ведь с помощью любой позитивной энергии, имеющей чудодейственную силу, будь то энергия Любви, Рейки или Молитвы, можно воздействовать на любые ситуации, в том числе и на своё внутреннее состояние. Источник гармонии и света у них один. Но, возможно, кому-то именно Молитва легче и понятнее будет в применении. Если всё ещё сложно направить слова Молитвы на обстоятельства или людей, попросите у святых помочь исправить ситуацию, дать вам сил настроиться на прощение.

Обиды, страдания - это своего рода манипуляции, демонстрация того, что к нам несправедливы. Можно жить, упиваясь жалостью к себе, а можно, всем бедам назло, начать новую жизнь, полную радости и счастья.

Не срывайтесь на ребёнка. Если вы были в чём-то неправы, даже если правы, но перешли на крик, обнимите его, попросите прощения за тот негатив, который вы привнесли в ситуацию. Ребёнок научится прощать, а также не привыкнет обижаться на весь мир, ведь там, где любовь, нет места обидам. А обиды, таким образом, не будут иметь своё негативное развитие во взрослой жизни.

Не держите обид на свою вторую половинку. Искренние отношения никогда не исчерпают себя, если их не отравляют наше эго, грубое отстаивание своих позиций и невежество.

Прощение - неотъемлемая часть в притяжении желаемого. Прощение очистит от блоков, имеющих своё начало в прошлом. Обида в сердце, как внутренне, так и внешне, серьёзно подрывает энергию и не позволяет Вселенной свободно творить нашу улучшенную реальность, а нам полноценно сосредоточиться на материализации желаний. К счастью, как только мы признаём необходимость простить, всё остальное даётся легко.

Привычка обвинять других в своих проблемах негативно отражается на событиях в нашей жизни. Несправедливость за несправедливостью продолжают нарушать наше мирное существование. Всего немного усилий, чтобы простить и отпустить, и мы полностью освободимся от негативных и разрушающих энергий.

Моя одна дорогая знакомая, увлёкшись силой мысли и воодушевившаяся выложить свои эмоции на бумаге, вдруг обнаружила, что, обращаясь в своём дневнике к ситуациям в детстве, почувствовала большое облегчение и освобождение. Это один из отличных способов ощутить прощение: напишите обидчику письмо, объяснив ему, что вы больше не держите на него зла, что вы желаете ему больше любви и счастья в жизни. Закончив, можете просто выбросить своё обращение.

Убедитесь также, что вы не держите обид на Бога или Вселенную. Многие ошибочно полагают, что являются жертвами сложившихся обстоятельств, которые препятствуют достижению каких-либо целей, счастья или процветания. Сознательно простив Вселенную, вы позволите высвободиться огромному количеству творческой и созидательной энергии.

Простите и не вините себя никогда и ни при каких обстоятельствах. Напоминайте себе, что каждый приобретённый опыт, являясь неотъемлемой частью процесса обучения и личностного роста, делает вас на шаг ближе к цели.

Не фокусируйтесь на прошлых ошибках или проблемах, будьте миролюбивы. Ведь то, что было, прошло, а впереди увлекательная жизнь. Создайте условия для счастливой трансформации!

Благодарность

Что имеем, не храним, потерявши, плачем. Не храним, потому что неблагодарны. Благодарность же - это дорога к Сердцу.

Испытывая искреннюю благодарность к бабушке, которая проводит время с вашим ребёнком, к работодателю за стабильность, что не без дела сидите дома, к мужу за любовь, к ребёнку за то, что он есть в вашей жизни, к крыше над головой, - мы посылаем светлую энергию, строим мост, благодарим окружение, вселяя во всех доброту и силу, **благо дарим**. В ответ Вселенная откликается тем же: благо дарит нам самим, нашему окружению, преумножая то, что ценим и за что высказываем свою благодарность.

Благодарность должна исходить от Сердца, должна быть ощутима как нами, так и всем тем, что создаёт нашу реальность. Никто нам ничем не обязан. Бабушка всегда с удовольствием откликнется на вашу просьбу посидеть с ребёнком, если будет чувствовать вашу благодарность. Не голое "спасибо", а именно искренняя благодарность, ваша любовь, позволит ощутить ей себя счастливой и нужной.

Если вы делаете кому-то добро, то ваши помыслы должны быть чисты и искренни, тогда вы получите в ответ благодарность. Говорят, "от добра добра не ищут". У пословицы есть два значения, но когда мы подразумеваем ожидание добра на оказанную нами услугу, то в сам процесс подключаются силы равновесия. Нами оказанное добро не является искренним или бескорыстным, если мы в ответ ожидаем или требуем должного внимания. Только искренние, "благо дающие" поступки будут приняты с искренней благодарностью.

Когда вы благодарны от Сердца, вы счастливы, а потому видите абсолютно во всём пользу. Если же вы жалуетесь на своего начальника, он это чувствует через энергию, которую вы своими мыслями ему посылаете. Вы, таким образом, становитесь неблагодарным в его сознании. И, наоборот, советуясь с ним или посылая ему любовь, он почувствует вашу благодарностью, которая сплотит вас с ним, выведет вас на улучшенный уровень в совместной работе, где вы будете уже более конструктивно решать общие вопросы. Благодарность - один из самых сильных способов изменить свою жизнь.

Благодарите Вселенную за каждый миг, солнце за свет и тепло, природу за красоту, дождь за ностальгические воспоминания. Просыпаясь утром, не вскакивайте с кровати, а хотя бы полминуты полежите и потянитесь, обязательно с улыбкой. Ощутите благодарность за новый день. Мысленно повторите несколько раз: "Я - Магнит", с ощущением, что хорошие события притягиваются к вам.

Обнимайте чаще своих близких, показывая тем самым, что вы благодарны им за то, что они есть в вашей жизни. Не стесняйтесь говорить им это вслух.

Помню удивление на милом личике свой любимой дочки, когда я ей сказала впервые: "Спасибо, что ты у меня есть". "Мама, почему ты так говоришь, ведь я у тебя уже есть?" - недоумевала она. "Просто так, - сказала я, - просто я очень счастлива, что ты у меня есть". Ощущая такую любовь и благодарность, ваши дети не будут болеть, а если и прихворнут чуть-чуть, то после ваших объятий быстро поправятся.

Благодарность - ваше оружие или инструмент, как хотите. С помощью благодарности можно притянуть нужные обстоятельства.

Благодарите Бога, Вселенную за то, что здоровы, когда вы ещё больны, за то, что мир и любовь в вашем доме, даже если ссоритесь с мужем каждый день, за то, что начальник вас поощряет, даже если кажется, что у вас нет никаких точек соприкосновений. Благодарите за нужную сумму денег, даже если понятия не имеете, откуда ей взяться. Благодарите счета, получая по почте. Благодарите всё вокруг, даже если вас обрызгала проезжающая мимо машина. Ваш эмоциональный фронт не будет нарушен, вы пресечёте развитие цепочки негативных обстоятельств и, вполне вероятно, сама ситуация приведёт вас к какому-нибудь благоприятному исходу, непосредственно связанного с вашим желанием. Возможно, водитель этого автомобиля какой-нибудь чиновник, который подпишет без лишних разговоров нужные бумаги, или, что ещё интересней, - станет вашим супругом.

Благодарность притягивает то, о чём мечтаем, улучшает отношения, делает нас уверенными в себе, притягивает к нам людей, устраняет негативное мышление. Благодарность открывает возможности, учит нас ценить ситуации, даже которые не совсем нам нравятся, тем самым продвигая нас вперёд на оптимально благоприятную для нас полосу, развивая в нас естественное состояние счастья, так необходимое в законе притяжения. Благодарность устраняет препятствия. И независимо от сегодняшней жизни, обстановки или условий, благодарите! Думайте, какую выгоду вы получите от сложившейся ситуации, а не о том, что было неправильным или несправедливым. Практикуйте силу Благодарности в вашей семье и с друзьями, обсуждайте, что конкретно сегодня произошло, то что вы уже имеете, за что вы благодарны.

Помните, счастлив не тот, кто всё имеет, а тот, кто благодарен за то, что имеет. Ваша жизнь станет по-настоящему сказочной, когда вы внесёте в неё силу благодарности.

- Будьте благодарны.

- Используйте благие, позитивные слова.

- Выбирайте позитивные мысли и чувства.

- Цените себя.

- Фокусируйтесь на том, что цените.

Потренируйтесь в составлении списка благодарностей. Не так уж и трудно выявить приятные моменты в своей жизни.

- Спасибо за светлые мысли.

- Спасибо за умницу дочку.

- Спасибо за то, что здоров(а).

- Спасибо за счастье в семье.

- Спасибо за золотую осень.

- Спасибо за лучших коллег.

- Спасибо за порядок в доме.

- Спасибо за внимательного мужа.

- Спасибо за ...

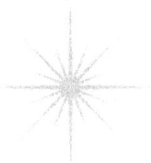

Перечитывая же свой список, вы, тем самым, возвращаетесь снова и снова к тому, что имеете, учитесь ценить и помнить, что в вашей жизни есть место для благодарности. Вы открываете Вселенной дорогу к вашему сердцу. Уделяя внимание тому, что цените, вы заметите, что ваша сила Благодарности увеличивается, а качество вашей жизни улучшается.

Когда я выхожу на пробежку, бывает, - небо всё тучами затянуто, но всегда где-нибудь да прорывается лучик света, к которому всегда приятно обратиться со словами:

- Маленький, какой ты смелый и хороший, что пытаешься пробиться сквозь тучи, спасибо тебе!

Благодарность к солнечному лучу вдруг раздвигает тучи, небо начинает светлеть, а к концу пробежки - практически ясное небо. Так и в жизни. То малое, что имеем, но наделённое благодарностью, - начинает преумножаться в своём проявлении. И не важно, касается это вашего здоровья, вашего банковского счёта или ваших отношений. Тучи рассеиваются, когда мы благодарны.

При любых обстоятельствам, поверьте, всегда можно найти даже что-то незначительное, за что можно поблагодарить. Благодарите ощущениями, искренне. Возьмите в привычку благодарить всё вокруг, с самого утра: когда умываетесь, готовите завтрак, идёте на работу. Человек, встречающий с благодарностью новый день, автоматически настраивается на нужную частоту, на гармонию с окружающим миром. А находясь в гармонии с самим собой, поверьте, ничего негативного с вами не может произойти.

Правильная формулировка желаемого

Материализация желаемого напрямую зависит от того, как мы формируем его, какими мыслями, словами, ощущениями и эмоциями. Чем чище наши намерения, тем благоприятней окружающая нас среда, тем быстрее исполняются наши желания, тем легче становится само использование закона притяжения.

Правильные слова и мысли

Когда вдруг с помощью силы мысли на счету после прожитого месяца осталась +1000€, мне захотелось поскорее рассчитаться со старым долгом, который составлял 7000€ на тот момент. Я обозначила для себя срок в полгода и, подсчитав, сколько в месяц мне нужно отдавать, настроилась на нужную сумму, не забывая при этом о желаемом месячном остатке в сумме 1000€. Мне также хотелось, чтобы ко всему прочему шли ещё и накопления к семейным поездкам, ведь я мечтала много путешествовать. Первым делом, фразу "отдаю долг" я заменила на "даю банку

7000€". Это в связи с тем, что со словом "долг" связаны не совсем положительные ассоциации. Фраза "отдаю долг" уже изначально меня отталкивала от себя, не давая настроиться на нужный лад. Мне было легче представлять, что я приношу банку каких-то 7000€, поделённых на 6 месяцев. Какое-то время ушло на то, чтобы привыкнуть к мысли, что такое возможно, может, два-три месяца. Но после всё пошло как по маслу: оплачивая по счёту бо́льшую сумму (как всегда теперь, с чувством радости), я стала замечать вдруг, что уже не +1000€ остаётся на счету, а больше! Это потекла энергия денег на отпуск. Все свои действия, мысли и эмоции я снабжала любовью. Представляю, что творилось с банкирами. Думаю, они радостно недоумевали, откуда вдруг столько любви и благодарности на них "свалилось". А банки Финляндии, я уверена, процветали, ведь столько положительных эмоций в них было вложено.

Важно заменить слова и фразы, вызывающие негативные ассоциации на позитивное предположение развития событий, меняющих ситуацию. Если вы идёте к начальству с просьбой повысить зарплату, но на самом деле в голове прокручивается мысль о недовольной реакции вышестоящего лица, то зарплата так и не повысится. Обозначьте себе мысленно ту сумму, на которую вы рассчитываете при повышении, представьте лицо начальника радостным, перед вашей встречей подарите мысленно ему самый-самый красивый подарок. Например, новую, сверкающую на солнце яхту, на которой играет музыка и пары красивые танцуют. Создайте мост между вами, мысль же материальна! На встрече с ним улыбайтесь, мысленно посылайте любовь: "люблю, люблю, люблю". После такого вам и зарплату повысят, у фирмы дела пойдут лучше, у начальника с женой - любовь-морковь, а вам ещё и премию дадут. Не забудьте за всё это мысленно поблагодарить. Ещё и на подаренной вами ранее, а после материализовавшейся яхте семьями покатаетесь.

Если же вы хотите быстрее выздороветь, не жалуйтесь на своё здоровье, а говорите всем, что уже идёте на поправку. Если случаются со мной недомогания (редко, правда!), то сообщаю на работу, своё письмо всегда начиная "сегодня я останусь выздоравливать дома".

Если вы ещё не имеете несметных богатств, но стремитесь к этому, говорите: "Я ещё не богат, но я уже на пути к богатству".

Обращаясь к ребёнку, ласково продемонстрируйте к нему своё уважение, не употребляя слов, вызывающих негативные эмоции или ассоциации. Вместо "ну давай быстрее, опоздаем из-за тебя", скажите: "Оденься, пожалуйста, успеем тогда ещё сделать все запланированные дела". Если ребёнку тяжело даются иностранные языки, направьте его мысли, на то, что, на самом деле, изучаемый язык лёгкий. Пусть он поворяет: "Мне нравится учить английский".

Однажды я попала под вспышку камеры дорожной полиции. Я тут же внушила себе, что я ехала по правилам, а, если и нарушила, то номер машины - смазанный, фотография – нечёткая и засвечена. В дополнение ко всему я вообразила себя невидимкой: меня там просто не было, а потому и не было ни нарушения, ни полиции с камерой.

Частица "не" и беспокойства

Только в случае отчаяния или очень сильного желания частица "не" может сработать. "Я не боюсь", - безостановочно твердит предприниматель, отчаянно ставящий перед собой цель раскрутить работу своей фирмы и привлечь достаточное количество клиентов. "Я не болен", - до жжения в груди повторяет человек, отчаянно стремящийся выздороветь.

В просьбах Вселенная не понимает частицы "не". Если загадывать "у меня нет больше долгов", то это равносильно сказать "у меня больше долгов". "Меня не выкинут с работы" для Вселенной звучит как "меня выкинут с работы" и так далее.

За ребёнка не беспокойтесь, доверяйте школе, саду, Вселенной, друзьям, дорогам, машинам, что всё вокруг создаёт благоприятную обстановку и полную безопасность. Как-то мне сказали: "Легко сказать, не переживай". А мне хочется ответить, что легче доверять, так как только так мы можем обезопасить себя и близких, не внеся ничего негативного своими переживаниями. Доверяйте Вселенной, заменяйте намерения правильными выражениями, без частицы "не", и пусть они вызывают в вас только приятные эмоции.

Я - мама и знаю, насколько это естественно беспокоиться за своего ребёнка, но я не позволяю себе намеренно сомневаться, а позволяю только думать, что с ним и в его окружении всё хорошо, потому что только так я могу благоприятно воздействовать на его безопасность или благоприятный исход ситуации, в которой вдруг он оказался. Беспокойство и забота - разные вещи. Я доверяю ребёнку и Вселенной, доверяю Богу и своим невидимым помощникам. Мне в этом сильно помогает Рейки, а именно настройка защиты: практически каждый день я прошу архангела Михаила побыть мне его посредником и дать лучик защиты своему ребёнку. Окутываю мысленно своё чадо, школу, дорогу, дом мягким белым светом. И не только ребёнку отправляю такую защиту, но и своим близким, себе, в том числе. В конце каждой настройки благодарю архангела Михаила. Вы тоже можете обращаться к нему или к любому другому святому, с которым почувствуете связь, ощутите в силу его присутствия в вашей жизни защищённость вас самих и окружающих вас людей.

Все практикующие материализацию мыслей советуют не смотреть и не читать новости. Сейчас, когда я увлечена написанием книги, у меня практически нет времени смотреть телевизор. И всё же, если мы видим негативные стороны планеты нашей по новостям, мы автоматически восклицаем: "Ужас!", тем самым нисколько не помогая людям, которых коснулась трагедия, а только лишь ухудшая обстоятельства. Перенимая переживания людей на себя, мы притягиваем к себе негативные ситуации. Мы воплощаем в свою реальность ровно той силы неприятности, которые будут равны в соотношении с силой нашей реакции. "Ужас!" - может притянуть, например, недопонимание, ссору, так как наш энергетический баланс нарушается. Я призываю вас не к безразличию, а к созидательной практике в случаях, вдруг вас коснувшихся. Вместо жалостливого сочувствия, ничего позитивного в себе не несущего, вы способны благоприятно повлиять на ситуацию или эмоциональный уровень людей посредством того же посылания любви, которое даст сил и равновесия или поспособствует созданию лучших условий и обстоятельств. Ведь по сути, именно потребность в любви лежит в основе человеческого существования.

Хочу рассказать об одном примере из своей жизни, касающегося реакции на новости. Мало, с кем я могла поделиться, но, думаю, пример был достаточно убедителен для тех, кто знает эту историю. Как-то по телевидению пошла полоса новостей про женщин, которых помимо их воли использовали как сексуальных рабынь. Меня это тогда очень сильно взволновало. "Могу ли я помочь им как-то?" - задавалась я вопросом. У меня появилась потребность как можно больше окружить их энергией любви. В таких случаях, наверно, молятся за страдающих людей, что в действительности, несомненно, помогает. Я же воспользовалась могущественной силой любви и, как мне подсказывало сердце, стала отчаянно направлять слова "люблю, люблю, люблю" женщинам, ищущих спасение. Я окружала их светом, идущим из моего сердца, наполняла им причины, приведшие их к этому испытанию. И уже через пару дней передали по новостям: "Службой Х освобождены около 3000 женщин-рабынь, находящихся в заточении длительное время..." Что со мной было, не описать словами! Всплеск эмоций всех оттенков со слезами и дикой радостью!

С того случая, услышав где-либо о трагедии, даже о наркоманах, я посылаю любовь. Я верю, что это помогает людям.

Новые эпидемии, как мне кажется, надуманны, точнее, созданы искусственно, посредством страха и паники людей. Поэтому и я вам посоветую как можно реже включать телевизор и читать газеты, чтобы опять же не создавать негативные вибрации и не впускать последствия волнений и переживаний в свою жизнь. "Не примеряйте" неприятные новости, которые не всегда вас касаются. Ну а если уж и явилась они к вам, посылайте Любовь.

Доверяйте Вселенной, не беспокойтесь ни о чём. Вселенная оправдает ваше доверие через вашу силу Любви. Она сделает всё за вас, сосредоточьтесь только на конкретном результате, наполненном Любовью. Найдутся нужные врачи, которые вылечат кого-то из ваших близких, выровняются отношения, оплатятся счета. А деньги - деньги это энергия, не нужно задумываться, откуда они возьмутся, подвергая тем самым сомнениям работу Вселенной. Деньги появляются сами, когда направление для них обозначено.

Не бойтесь ответственности, не хватайтесь за голову: "Как же такое количество всего исправить, а вдруг, уже поздно? " Не поздно, дорогие мои! Любая позитивная мысль, сила Любви в миллионы раз сильнее любой негативной мысли или воздействий обид или ваших негативных реакций! Просто помните об этом и при необходимости достаточно мысленно проговорить про себя: "люблю, люблю, люблю". Происходит обнуление самой ситуации или воздействия всего негативного.

Тренируйте свой дух, свою внутреннюю силу. Мысли и эмоции не имеют ограничений, но они управляемы, и с их помощью мы создаём как мешающие нам события, так и превосходящие все ожидания. Наши страхи, по сути, не имеют своей физической формы, но всегда являются главным препятствием на пути к достижению цели. Когда нами овладевает страх, мы не способны двигаться вперёд, а ведь у каждого из нас на руках все карты судьбы.

Люди постарше, имеющие огромный жизненный опыт, говорят, что единственное, о чём они сожалеют больше всего в своей жизни, - это время, потраченное на необоснованные страхи и беспокойства. Мир намного больше, чем мы привыкли думать. В любой ситуации стоит подняться, набраться смелости и сделать шаг навстречу своей мечте.

Аффирмации

Повторяя без конца одну и ту же фразу, мы настолько к ней привыкаем, что начинаем верить, будто так всё и есть, как в ней сказано. А вера - ощущение, понятное Вселенной, как призыв срочно начать работу над материализацией наших мыслей или желаний.

Попробуйте сами для себя составить аффирмации, начинающиеся со слов "Я - Магнит ...".

- Я - Магнит для успешных людей, привносящих в мою жизнь уверенность в себе, предприимчивость, знание, деньги.

- Я - Магнит для новых идей.

- Я - Магнит ...

- Мой кошелёк - Магнит для ...

- Я - Магнит для счастливых семейных отношений.

Какое счастье - вдруг услышать в разговоре мужа с друзьями, что я являюсь его талисманом. Самое интересное, что я в это верю. И чем больше я в это верю, тем больше я ощущаю себя приносящей радость и даже успех и другим, окружающим меня людям. И, возможно, развитие собственного магнетизма, собственной энергии, полученное во время действий, двигающих меня к мечте, вдруг создало вокруг меня вакуум счастья и любви, в которое, понятно, входят мои близкие и чувствуют это. Моему любимому мужу настолько со мной хорошо, что он воспринимает меня, приносящей ему удачу. Удивительная аффирмация для тех, кто хочет наладить свои отношения со второй половинкой, не правда ли?

- Я - талисман для своего мужа / своей жены.

Если ребёнок не любит читать, начните прежде всего с себя, воспользуйтесь, к примеру, аффирмацией: "Мой ребёнок любит читать, читает одну книгу за другой". Доверьтесь прежде всего тому, что так и будет, ощутите веру в это внутри себя. Распечатайте слова "я умею хорошо читать и читаю с удовольствием" и повесьте у ребёнка в комнате на видное место. Можете вместе разрисовать аффирмацию яркими красками. А каждый раз, когда ребёнок будет читать эти слова, украшайте надпись красивой наклейкой. Сделайте это занятие увлекательным. Дополняйте ваши аффирмации вместе с ребёнком:

- я - счастливчик;

- я - баловень судьбы.

С коллегами на работе то же самое: смените своё негодование по поводу непонимания вас на:

- у меня прекрасные отношения с коллегами;

- у нас замечательная атмосфера на работе;

- коллеги с радостью мне помогают.

Отчаянное повторение "я - здоров, я - здоров" приведёт к полному выздоровлению: найдутся средства, нужные врачи, или же произойдёт чудо. "Он - мой, он - мой" вполне может обернуться замужеством.

Прекрасная есть аффирмация в просторах интернета: "космическое изобилие привносит огромный поток денег в мою жизнь". Проговаривать следует про себя или записывать эту фразу 54 раза каждый день, с чувством радости и благодарности.

Отчаянное повторение "спасибо за..." начинающихся аффирмаций притянет, к примеру, нужную сумму денег: "спасибо за 2000€".

В настоящем

Представьте на листе бумаги систему координат. Положите карандаш между линиями, обозначьте на нём несколько точек. Каждая точка является отдельно взятой ситуацией сегодня. Каждый такой пункт на карандаше может быть связан с семьёй, работой, детьми, вашим видением по поводу материализации желаемого. Теперь вообразите эту систему координат в окружающем вас пространстве. Где ваш карандаш будет находиться? А точки? Это и есть варианты вашей жизни, а также варианты развития событий в ваших параллельных реальностях здесь и сейчас. Позвольте себе заглянуть в параллель, в которой ваша жизнь улучшена: вы имеете всё, что хотите, - сфотографируйте на память и теперь, с сегодняшнего дня, воображая фотографию, благодарите Бога, Вселенную, Высший разум за материализовавшиеся в вашей жизни желания или желаемые обстоятельства, в настоящем.

В управлении мышлением по методу Сильва (автор Хосе Сильва) есть великолепная и эффективная техника золотых образов. В воображаемую голубую рамку помещаем ситуацию, которую хотим изменить или исключить из своей жизни, а в белую, - в неё помещаем то, каким бы мы хотели видеть ситуацию, то, что нам нравится. К примеру, для того, чтобы набраться смелости и начать проводить свои тренинги, развить в себе уверенность в выступлении перед большой аудиторией, поместите в голубую рамку неуверенного себя либо образ своих страхов. В нижний левый угол голубой рамки поместите маленькую белую рамку, в которой аудитория завороженно вас слушает и внимает, вам хлопают и поздравляют с успехом. Картинка в белой рамке должна оставаться маленькой, неприметной, чёрно-белой. Поменяйте картинки местами. Теперь ваш образ неуверенного в себе, помещённый в голубую рамку, должен располагаться в правом нижнем углу образа в белой рамке. Далее создаётся золотой образ. Всё, что в белой, - увеличиваем и добавляем красок, делаем картинку чёткой и живой. Всё, что в голубой рамке, - уменьшаем, делаем образ в ней нечётким и чёрно-белым. Это объясняется тем, что правая сторона соответствует прошлому, а левая — будущему. Таким образом, мы смещаем восприятие, меняем свои привычные эмоции и убеждения, создаём комфортные и полезные мыслеформы. Происходит трансформация нашего сознания.

Техника золотых образов может использоваться как в ваших личных ситуациях, так и касательно вашего окружения. Если вы намерены помочь близкому человеку, искоренить, к примеру, в нём вредные привычки, то вы, соответственно, яркий и красочный образ, где он ведёт здоровый образ жизни, помещаете в увеличенную белую большую рамку, а нежелательный - в маленькую голубую рамку в правом нижнем углу.

Многим свойственно избегать то, что происходит прямо сейчас. Вместо того, чтобы изменить настоящий момент, они находятся в постоянном стремлении к тому, что, по их мнению, должно быть или кем они хотят быть. В размышлениях с одной знакомой о жизни среди иностранцев я позволила себе заметить, что её недовольство культурой страны, в которой она находится, будет точно таким же и в другой стране, в которую, между прочим, она мечтала переехать. Совершенно неправильно утверждать, что счастье можно обрести, если изменится экономическая ситуация, отношения, ситуация на работе. Закон притяжения должен использоваться в моменте здесь и сейчас. Ощущение дискомфорта в настоящем никогда не пройдёт, пока не произойдёт переоценка и принятие настоящего момента. Мне помогает перестраивать своё мышление довольно простой способ: случайно возникшую и сомнительную мысль я как бы выключаю, - гаснет лампочка, и тут же заменяю её любой полезной мыслью: "я - солнце", "само появится", "я - хозяйка своего дома", "спасибо", "люблю" и так далее.

Понять природу визуализации "в настоящем" поможет следующее упражнение: вместо того, чтобы представлять чьи-то красивые формы тела или себя стройным, но в будущем, мысленно перенеситесь в зону живота и слегка напрягите мышцы пресса. Почувствовав работу своего тела в настоящем, вообразите тонкую талию, сконцентрируйтесь на ней. Чем больше вы будете осознано работать над своей талией, тем быстрее она начнёт приобретать свои упругие формы. Вы уделяете ей внимание в настоящем, а значит, и доминирующие на данный момент мысли, будут способствовать желаемому формированию вашей талии прямо сейчас. Так, визуализацию дома-мечты в настоящем можно, к примеру, совместить с каким-либо лёгким физическим воздействием, которое поможет ощутить настоящий момент: нажмите слегка двумя пальцами на мочку уха или чуть ущипните себя. Пусть ваш дом будет в горах. Необыкновенная красота кругом, дух захватывает, сердце переполняет счастье и благодарность, горный воздух будоражит ум. Вы встречаете рассвет, слышите, как звенят колокольчики у овец, которые пасутся на выгоне. Сохраняйте ощущение происходящего в настоящем, при помощи пощипывания, постукивания, поглаживания, - вы сами можете выбрать для себя наиболее подходящий для вас метод.

Когда мы практикуем осознание настоящего момента, мы видим модели наших мыслей и, уже осознанно меняя их, можем войти в энергетический баланс с нашими желаниями или желаемыми обстоятельствами, вместо привычной для нас ранее борьбы. Мы живём на разных уровнях сознания, но мы можем намеренно переключаться на более высокий уровень.

Бдительность и бодрствование в настоящем позволит также войти в согласие с Источником, развить в себе естественное ощущение радости и счастья. Давайте окунёмся в свой внутренний мир и свою природную силу, прочувствуем момент настоящего. Закройте глаза и представьте внутри себя энергию в виде шара, не спеша насладитесь теплом и умиротворением, который он излучает. Отключите все свои воспоминания, свой жизненный опыт, свои эмоции и мысли. Насладитесь любовью, которая исходит внутри вас. Вообразите, как энергия шара нарастает в виде света и распространяется по всему телу. Представьте, как свет прорывается сквозь кожу и заполняет ваше окружение, а дальше и все другие слои вашего мира. Вы - бесценное чудо мироздания и творец собственной жизни. Поблагодарите за то, что вам дано земное воплощение, за мысли и ваш внутренний свет, которые создают ваше окружение. Поблагодарите за всё, что имеете и собираетесь получить.. в настоящем. Прочувствуйте этот момент. Возвращайтесь к этой прекрасной практике, даже когда волнуетесь или когда необходимо накопление внутренней силы. Так вы не только создадите гармонию вокруг себя, но и увеличите своё благотворное воздействие на окружающий вас мир. Я использую этот метод также, когда чувствую необходимость заземления, некоего сброса скоростей в своих делах, когда есть необходимость немного остудить свои сильные эмоции в предвкушении грядущих событий, окунуться в блаженное состояние настоящего момента.

Удивительно, но это так: дела пойдут в гору, мечты начнут проявляться в вашей реальности, когда вы переключите своё внимание на момент "здесь и сейчас", дав ему должное внимание и благодарность. Всё, созданное нами, создано в настоящий момент. Мы уделяем внимание нашим желаниям сейчас, в настоящем, и закон притяжения материализует наши мечты в настоящем.

С пользой для всех

Сколько раз я слышала, что с желаниями нужно быть аккуратнее, а то они сбудутся! Абсурд, но я, конечно же, понимаю смысл сказанного. Всё дело в том, что так говорят те, кто не имеет навыков настраиваться на благоприятный конечный результат: с пользой для всех. Именно внутренняя уверенность, что всё будет хорошо для всех участников – и есть гарантия благополучной реализации вашего намерения. "С пользой для всех" приучит вас доверять в положительный исход дела и создаст все условия для того, чтобы каждый участник происходящей материализации получил только благо от проявления вашего желаемого, в том числе и вы сами.

К каждому "хочу" добавляйте "с пользой для всех", и тогда вы получите только нужное развитие событий. То, что соответствует вашим вибрациям, придёт к вам удивительным образом. Если же что-то не продвигается, легко отпустите, понимая, что только то, что приносит благо всем вокруг вас, может стать вашим.

Однажды забыв про это правило, теперь вспоминаю о нём всякий раз, когда что-то загадываю. Ещё одна комичная ситуация, но стоит её упомянуть, как живой и наглядный пример. Когда ребёнку было уже месяцев девять, я решила вернуться на подиум, к показам моды. Приглашение пришло внезапно, нужно было срочно привести себя в порядок. Воспользовавшись силой мысли, я решила похудеть за ночь на пять килограмм. Также внезапно та ночь превратилась в нечто! "Недомогание" было настолько экстремальным, что к утру практически пять килограмм как ни бывало. Но, к моему сожалению, то недомогание тогда затянулось, и в тот вечер я, конечно же, ни на какой показ моды не попала.

"Исчезни с пользой для всех" фраза (в мыслях, естественно) всякий раз меня освобождала от "вредных шапокляк" на работе. Три таких случая имели место быть, и этот метод срабатывал каждый раз и беспрепятственно. Уже через пару месяцев я, вместе с шапокляк, радовалась её взлёту в карьере: новое место работы, зарплата выше, новый босс - золотой человек и так далее. Но надо сказать, что вместе с этими случаями и шапокляк вовсе исчезла из моего окружения, больше и применять-то не приходилось такой метод.

Визуализируя следующий этап своей жизни, я не продумываю в деталях, кто из близких мне людей и как воспримет или какое место займёт в проявившихся моих желаниях, я просто помню, что всё - с пользой для всех.

Если вы мечтаете похудеть, то когда едите, наслаждайтесь процессом, медленно и с удовольствием пережёвывайте пищу, при этом повторяя себе: ”всё - на пользу, обмен веществ работает отменно”. Представляйте свою стройную фигуру. Благодарите свой организм и тело за то, что слушаются вас.

Всё, что бы вы ни делали, всё - на пользу! Помня это, даже выпитая вода будет лечебной, а съеденный ночью шоколад поможет идеальному отдыху и обмену веществ. Ведь здесь как загадаете: ”ем и худею, всё - на пользу” - отличная установка! Но вы должны верить в это спокойно и уверенно, ни одна частичка вашего тела не должна в этом сомневаться. Я в любом случае призываю каждого из вас к правильному питанию, но если уж и любите себя побаловать чем-то, ни в коем случае нельзя внушать себе, что это повлечёт ненужные последствия в организме. Мысль же - материальна.

Допишите теперь в свой список желаний, который составили ранее, к каждому намерению: "с пользой для всех".

Снятие важности

Позвольте себе иметь то, что хотите. Возможно, сейчас некими своими ещё существующими страхами и предрассудками вы не в состоянии притянуть, к примеру, собственный самолёт. Бывает, что подсознательно вы можете себе позволить, а сознание блокирует свободное течение энергии ещё в процессе визуализации, высказывая свои сомнения: "откуда ему взяться?". Так начните тогда хотя бы с нового белого кабриолета. Притянув кабриолет, вы позволите себе мечтать о собственном самолёте. Мечтать всегда надо о большем, но для некоторых и велосипед - большая мечта. Поэтому чтобы натренировать свой ум, набраться опыта, советую начать с более земных желаний.

+1000€ - была та сумма, которую я сознательно и подсознательно могла позволить на тот момент прийти в мою жизнь. Сейчас эта сумма увеличена и легче позволяема на всех моих эмоциональных уровнях. Начните с малого, пусть для начала это будет всего 100€, но когда они вдруг появятся из "ниоткуда", вы поймёте, что никакой разницы нет в том, сколько нулей в загаданной вами сумме.

Вадим Зеланд, автор книги "Трансерфинг реальности", даёт чёткое определение создаваемого дисбаланса энергии. Если мы придаём чему-либо большое значение или важность, идеализируем нашу мечту, возникает избыточный потенциал. Силы равновесия нарушаются, а согласно принципам закона притяжения, Вселенной нужна гармония. Запускается некий механизм, где все силы будут направлены на ликвидацию дисбаланса, а не на реализацию нашей мечты.

Если мы хвастаемся, демонстрируем своё превосходство, то вступают в действие силы равновесия, снижающие тот пыл, который мы вносим в ту или иную ситуацию. Мы сталкиваемся с непониманием, интерпретируя его в зависть.

Чем больше праздной самоуверенности, тем больше вероятность столкнуться с разочарованием. Если вам пообещали повысить зарплату, и вы с чувством излишнего превосходства всем на работе про это рассказали, не ждите, что зарплату и правда повысят. Силы равновесия "притупят" развитие событий в этом случае.

Когда же мы сталкиваемся с неприятностями, за ними всегда следует что-то приятное: радуга после грозы, свет в конце туннеля, успех после провала и так далее.

Если вы ощущаете уверенность в своём деле, показываете свою рассудительность в реализации вашей идеи, то найдёте понимание, помощников и одобрение. Вместо того, чтобы придавать важности вашему желанию или проблеме, надо просто иметь НАМЕРЕНИЕ это решить или воплотить в жизнь.

Задуманное вами дело всегда доводите до конца и не будьте излишне болтливы. Сохраняйте собственную энергию и энергию вашей мечты. Когда будете близки к завершению, вы заметите в себе особенное волнение, я бы сказала даже, волнительную энергию предвкушения. Это – ни с чем несравнимое чувство, когда оно накоплено, а не поделено с другими. Не растрачивайте эту энергию попусту, а направьте её на успех вашего дела. В этом будет намного больше пользы. Впечатление производить на других людей нужно своими достижениями, а не рассказами, к чему вы стремитесь.

Развивайте в себе беспристрастность к своим желаниям, даже самым заветным. Важно сохранять спокойствие духа, иметь детскую непосредственность, радоваться каждому дню и доверять Вселенной, отбросив все сомнения. Вы отпустите ситуацию, а с этим придёт внутренняя уверенность, которая приведёт к нужной цепочке благоприятных событий, ведущих к цели. Сохраняйте спокойствие и внутреннее равновесие, а если и делитесь своими успехами, делитесь с уважением и реально подходите к вопросу, чтобы у вас хватило энергии благоприятно воздействовать на материализацию желаемого.

Когда я определила для себя, какую работу хочу, в какой должности и даже, в каком городе, я, написав желание на самодельном бумажном самолётике, выпустила его в окно машины, когда мчалась по магистрали. Сопутствующее действие помогло мне высвободиться от важности желания и ненужных сомнений: заказ был отправлен. А то, что просим, то и получаем, когда мы - искренни и не являемся зависимыми от цели.

Если вы мечтаете забеременеть и тратите всю свою энергию на исполнение вашей мечты, как бы говоря себе, что смысл жизни - в ребёнке, то создаёте, тем самым, избыточный потенциал. Снятие важности с зачатия и рождения ребёнка, как ни странно, начинается с полного смиренного принятия, что вы не можете иметь детей. Важно признать бесплодие, прочувствовать все свои страхи, чтобы ощутить причину и исправить её. Намерение не может быть чистым и искренним, пока вы зацикливаетесь на сопротивлении бесплодию. Только приняв данный момент, исцелив свой внутренний мир, можно начинать работать с намерением родить ребёнка. Окутайте себя состоянием счастья и любви здесь и сейчас. Направьте свет любви на своё эмоциональное состояние, на прошлые ошибки. Снимите ответственность с будущего ребёнка за своё счастье. Разрешите ему появиться в вашей жизни и дайте понять, что он будет жить своей жизнью, ему не придётся оправдывать требование родителей сделать их счастливыми. Каждый день повторяйте, чти вы - беременны, вы - здоровы. Дети появляются за 3 месяца до зачатия, вы это почувствуете. Возможно, ребёнок уже рядом с вами, но вы его не пускаете излишним сопротивлением к самой проблеме. Пошлите ему искренней любви, дайте понять, что с вами он будет в безопасности.

Ощущение веры и позволение

Моя дорогая Ронда Берн в книге "Сила" даёт, на мой взгляд, самый лёгкий для восприятия и применения пример, помогающий как снять важность с намерения, так и позволить себе иметь непривычного по масштабу пока для нас желаемого. Представьте, что ваш желанный большой и современный дом на берегу моря - маленькая точка. Воспринимая желаемое как точку, мы снимаем даже привязанность к цели, тем самым, давая Вселенной, что называется, свободу для творчества. Поверьте, Вселенной абсолютно всё равно - желаете ли вы кусочек вкусного торта или шикарный дом! Как только вы поймёте это и ощутите, поверьте, и собственный самолёт вам будет под силу притянуть, если так будет нужно.

Верить ли в силу мысли? Такой вопрос возникал и у меня поначалу, а подруга дала мне позже следующую оценку: "ты подчинила силу мысли себе, поэтому она на тебя работает". Думаю, для многих практикующих вопрос "верить или нет" не уместен, но, тему эту стоит поднять. Сила мысли работает всегда, вне зависимости, верим мы в это или нет. Нам нужно только лишь научиться пользоваться ею осознанно. Моим самым главным учителем в развитии веры - моя дочь. Когда она была ещё совсем маленькой, на третий раз, когда у неё заболели ушки, я решила перестать сомневаться, что чудеса возможны. Я сосредоточилась

на мысли, что всё пройдёт, и никогда больше такая
проблема нас не побеспокоит, если подержу свои ладони на её ушках. Всё дело в правильной формули-
ровке намерения. Если б я держала ладони с мыслью
"нет, это лечится только антибиотиками", ничего бы у
меня не получилось. Точнее, материализовались бы
страхи, а не выздоровление без вмешательства ле-
карств. Я обязана была, как мама, воздействовать на
здоровье ребёнка с помощью силы мысли, и воспи-
тать, таким образом, в себе веру и осознанность в её
применении. Я взяла на себя ответственность за благополучие своей дочери. Вы, конечно же, понимаете,
что после такого настроя и лечения, у нас всё прошло?

Вместо того, чтобы прокручивать в голове варианты "не получения" чего-то: "откуда же взяться мил-
лиону на приобретение дома?", если вдруг кому-то не
дано остановить свой мыслительный процесс и отпустить желаемое, прокручиваем в голове все возможные благоприятные варианты: прислали родственни-
ки, упал конверт с деньгами с неба, на работе дали
премию, выиграли в лотерею, нашли, строительная
компания возместила ущерб за строящийся рядом ма-
газин и так далее. Наслаждайтесь сегодняшним мо-
ментом, занимайтесь любимым делом, играйте больше с детьми, гуляйте, бегайте, смейтесь, танцуйте,
тем самым доказывая Вселенной, что вы ей доверяете. Не цепляйтесь за желаемое, будьте счастливы
именно сегодня, и тогда Вселенная, оценив вас за
счастье, преумножит его!

В вашем окружении всё время что-то происходит. Научившись читать знаки, ассоциировать любые свои действия или мысли в нужном направлении, можно добиться больших успехов. Жизнь - игра, к ней подход нужен лёгкий, с юмором, именно так мы создадим гармонию или благородную почву для выращивания нашего сада желаний.

Приучайте себя верить в исполнение вашего желания и позволяйте Вселенной самой творить, без ваших лишних размышлений "как". Со временем это станет вашей привычкой, и вы легко и без принуждения будете добиваться поставленных вами целей.

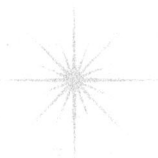

Визуализация и наполнение желаемого любовью

Визуализация считается чрезвычайно эффективным инструментом исцеления. Доказано, что с её помощью можно облегчить боль, ускорить процесс заживления, снять стресс, тревогу, напряжённость. К сожалению, большинство картинок, всплывающих у нас в голове, приносят больше вреда, чем пользы, так как наиболее распространённый тип воображения окутан беспокойством и негативными ожиданиями. На самом деле, беспокойство существует только в нашем воображении, и, если мы научимся "фильтровать" свои эмоции, оставляя только позитивные, мы сможем изменить как нашу физиологию, так и окружающий нас мир.

Многие спортсмены используют методы визуализации как часть тренировок или соревнований. Они развивают в себе конкурентное преимущество, расширяют своё сознание, развивают обострённое чувство уверенности и успеха. Визуализация - это репетиция приближающихся событий. А ожидание является пророчеством.

Друг нашей семьи, обучавшийся в известной теннисной академии, поделился поучительным примером из жизни спортсменов: если игрок расстраивается больше 10 минут, он становится изгоем. Спортсмены используют технику визуализации, программируя исход тренировки или матча, посещая, как бы, будущие события, чтобы натренировать желательный исход. Представляя подробности, спортсмены также пропитывают будущее событие должными эмоциями, радостью победы.   Повторяющиеся же образы создают опыт достижений в сознании спортсмена, тем самым придавая уверенности в его способностях на эмоциональном уровне. Понятно, что обсуждения якобы возможных проигрышей, не уместны. Только выносливость и целеустремлённость будут приветствоваться среди спортсменов.

При использовании техники визуализации должным образом, вы можете ясно увидеть положительный образ в мельчайших подробностях. Представьте себя бегущим, сильным и быстрым, ощутите свой здоровый дух. Ваш мозг интерпретирует бег как реальное движение и позволит вашему подсознанию думать, что вы выполняете это действие с лёгкостью, не чувствуя стресса или усталости. Ваша визуализация повлияет на нервную систему, задействует те же мышцы, что и при реальных занятиях бегом.

С помощью правильной визуализации можно улучшить качество жизни, притянуть успех и процветание, материализовать желания. Это – техника, которая может изменить сложившиеся обстоятельства и условия, повлиять на события и ситуации, притянуть работу, людей, здоровье, деньги, машины, яхты, дома, путешествия. Визуализируя определённую ситуацию или события или же, представляя себе машину мечты, дом, мы привлекаем это в свою жизнь, потому как мы действуем в поле своего магнетизма.

Процесс визуализации схож с состоянием мечтания, когда мы, отвлёкшись от повседневной жизни, погружаемся в благоприятную среду, мысленно прокручиваем определённое событие либо представляем себя в определённом объекте, к примеру, в новой машине. Такая техника материализации - естественна и вы можете с успехом её пользоваться и в повседневных делах. И опять же, чем больше мы фокусируемся на желании, тем быстрее оно преобразуется в нашем физическом мире. Чтобы не позволить деструктивным страхам и сомнениям нарушить творческий процесс Вселенной, мы можем воспользоваться любой положительной энергией. Мы можем насытить происходящее любовью.

Когда вы стоите в очереди или ждёте автобуса на остановке, мысленно представьте, как открывается ещё одна касса или же внезапно подходит один дополнительный автобус (мало ли откуда он взялся). Наполняйте желаемое любовью, посылая светлую энергию на желаемый результат. Тренируйте визуализацию во всех ситуациях, даже, чтобы с пользой занять время. На работе я частенько визуализирую, что новое сложное задание, его планирование, само собой разрешится или произойдёт, найдутся специалисты, которые помогут в решении вопроса. При этом, я повторяю про себя: "люблю, люблю, люблю" и, конечно же, использую силу благодарности.

Каждый новый успешный опыт укрепит ваши навыки, как в материализации, так и в применении силы любви.

Согласно индийской философии, Мир – это то, что мы думаем о нём. Взгляните на нынешние условия, отношения, видите ли прямую зависимость вашего привычного восприятия мира и сложившихся обстоятельств? Меняя свои мысли и образы, мы создаём новую, улучшенную реальность. То, что мы меняем, - не материально, мы только меняем наши мысли, которые формируют наш Мир. А Любовь – она всепоглощающая, всё налаживающая и всё открывающая. Там, где любовь – там равновесие.

Мне нравится мысленно бродить босиком по песчаному пляжу, смотреть на бирюзовую воду, на играющие на ней солнечные лучи. Люблю постоять, наслаждаясь морским бризом. На мне - длинное развевающееся платье цвета морской волны. Мне нравится посидеть, рисуя на песке. Я очень люблю море, моя любовь здесь - безусловна. А что любите вы? Вообразите себя в горах, в лесу или на собственной яхте.

Многие полагают, что визуализацию проще практиковать в постели утром или на ночь перед сном, однако, если вы опытны в применении данной техники, вы сможете пользоваться ею и в течение дня, потратив на визуализацию всего несколько минут.

Взгляните на небо и попробуйте представить медленно проявляющееся облако в форме сердца. Запечатлейте образ и так же медленно позвольте ему раствориться у вас на глазах. Повторяйте появление сердца, пока визуализация чёткого изображения не станет лёгким и естественным процессом. Второй вариант, - подойдите мысленно к зеркалу и хорошо рассмотрите там своё отражение, для начала лица. Повторяйте свои попытки, пока не сможете удержать отражение, чтобы рассмотреть его хорошо. Далее рассмотрите свои руки, себя по пояс, во весь рост. Привыкайте к образам в своём мышлении. С каждым разом ваше воображение будет обогащаться, а с ним и ваше умение сосредотачивать своё внимание на визуализируемом объекте. Отправив любви своему отражению, вы почувствуете себя лучше, у вас улучшится настроение. А визуализируя себя стройным, здоровым, успешным и уверенным, вы тем самым начнёте притягивать к себе эти состояния или качества, увеличите свою энергетику и свой магнетизм.

Давайте теперь вместе притянем что-нибудь более привычное. Вообразите яблоко у себя на рабочем столе или новый костюм, когда смотритесь в зеркало. Добавьте к визуализации теперь запах и вкус сочного яблока или ощущение материала в вашем костюме. Внесите действие или движение, - оживите картинку. Теперь приправьте ваше желание эмоциями: в яблоке пусть вас радуют его запах и вкус (вы любите яблоки), а в костюме ваша неотразимость (вы любите себя и красивые вещи). Ваше желание должно иметь яркий и живой образ, видимый и ощущаемый, а эмоции наполнят его животворящей энергией и придадут ему реалистичности.

Когда ребёнок ещё ходил в детский сад, а мне приходилось добираться с работы через пробки, я чётко представляла время, к которому мне надо было успеть. Ровно в 16.30 я подъезжала к дверям сада, затратив на дорогу всего полчаса вместо обычных полутора. Ребёнок вырос, пробок нет, но с тех пор я всегда пользуюсь данной визуализацией, если, к примеру, мне надо успеть на важную встречу. Заранее указанное время или дата исполнения вашего желания – очень важны.

Допустим, вы решили приобрести квартиру. Найдите в интернете или журнале фотографии жилья, которое вам по душе. Пусть ваш переезд будет, скажем, 1-ого марта. Теперь каждый день берите распечатанную или вырезанную картинку в руки и мысленно представляйте себя в ней: чем занимаетесь, какие звуки, запахи, какой свет, каковы на ощупь холодильник, мебель, шторы. Сосредоточьтесь на определённом собственном действии в этой квартире. Вообразите, как вы сидите на кожаном белом и мягком диване, на коленях – глянцевый модный журнал. Рядом на журнальном стеклянном столике – белое блюдце, а в руках вы держите белую чашку с горячим кофе. Никуда не торопясь, спокойно и с наслаждением, вы наслаждаетесь утренней чашкой ароматного напитка, листаете журнал, читаете интересные статьи. Представили? Запечатлейте в своей памяти это, как живую фотографию. Возвращайтесь мысленно к картинкам вашей мечты как можно чаще, уделяйте им своё внимание, каждый раз наполняя их светом любви. Верьте, что к 1-ому марта ваша мечта уже будет иметь своё проявление.

То, на чём вы фокусируетесь, притягивается в вашу жизнь. Квантовая энергия всегда реагирует на то, что мы думаем. Чем раньше мы это осознаем, тем быстрее мы сможем спроектировать свою жизнь и создать ту реальность, о которой мечтали. Воодушевляйтесь и радуйтесь, как будто она у вас уже есть! Заполняйте эмоциями желаемое без стеснения. Фокусируйтесь ежедневно на том, что хотите. Тренируйте свои навыки каждый день по 5 минут. Добавляйте себе и мечте любви.

Поверьте, я - совершенно обычная девушка, миллионы таких, как я. Но практикуясь в применении силы мысли, я стала видеть больше возможностей, а с ними я стала и более изобретательна в своих желаниях. Как-то мне захотелось сняться в кино. Я представляла себя перед камерами, отчётливо видела съёмочную группу. В один прекрасный день мне позвонили и попросили поучаствовать в съёмке фильма. Это была массовка, но на переднем плане. Я получила именно те эмоции, о которых мечтала. Арнольд Шварценеггер рассказывает, что он представлял ежедневно, что он - успешный актёр и зарабатывает на этом большие деньги.

Практически каждый вечер, когда дочка уже спит, я подношу к ней свои руки, наполненные любовью, представляю, что мы с ней на цветочном лугу, где яркое солнце и мысленно произношу: "все наши желания сбываются". Однажды дочка сказала: "Мама, я знаю, что тебе снится. Мы с тобой в поле, где много цветов и яркое солнце".

Любовь - истинная реальность, воплощение того, что любите. Любовь - наиболее мощная сила, известная человеку. Любовью пронизано всё сущее на Земле и в Космосе. Любовь как Источник, отвечает за создание и проявление всего в нашем физическом Мире. Безусловная, искренняя Любовь - сила, которая способствует материализации всего, что просим. Это понимание очень важно развивать, чтобы начать эффективно притягивать к себе желаемое. В Молитве, прося, вы испытываете по вибрациям те же эмоции и силу. Вы просите не словами, а чувствами и ощущениями.

Любите каждую минуту, сделайте Любовь неотъемлемой частью вашей жизни. Это чувство перенесёт вас в другое, улучшенное измерение, в место, где вам предначертано быть с рождения. Любите всё, окружающее вас: квартиру, коллег, деревья, солнце, дождь, соседей, машину, телефон, друзей, работу, цвета, краски, запахи, звуки. Сделайте Любовь привычным состоянием вашей души, и вы заметите, какие чудеса начнут происходить с вашим умом, восприятием и внешними проявлениями. С чувством Любви в сердце вы начнёте излучать сильные вибрации света и внутренней силы и гармонии, которые притянут к вам нужных людей, сотворят ваши же собственные чудеса.

Будьте терпеливы к себе, степенны в развитии внутренней Любви. Оставайтесь спокойны и чаще медитируйте, вызывая в себе ощущения Любви, ложась спать, просыпаясь, готовя завтрак, моя посуду, идя на работу, проверяя уроки ребёнка, делая покупки в магазине. С каждым опытом Любви вы будете переходить на следующий уровень, закрепляя и увеличивая свою внутреннюю природную силу.   Чистое сердце поспособствует дальнейшему вашему развитию как на умении проявлять желаемое на физическом уровне, так и на внутреннем развитии духовности и гармонии. Закон притяжения работает безотказно, когда вибрации Любви исходят из чистого сердца.

Я не говорю, чтобы вы стремились к идеальности в своих помыслах, мыслях и 100-процентного позитивного восприятия Мира. Привычные поведение и реакции в быту, на работе частенько и легко "засоряют" наши стремления и желание находиться в состоянии Любви всё время, мы начинаем чувствовать себя подавленными или уставшими. Я призываю вас к осознанности, бдительности своих мыслей и ощущений. Воспитав и развив в себе силу Любви, вы с лёгкостью сможете влиять с помощью этой Великой силы на ситуации, а то и вовсе позабыть, что такое спешка, бюрократия, неуважение, недоверие, лень, усталость.

В книге "Посланник" Клауса Джоула, где он предлагает иной взгляд на реальность, мне нравится история с очередью, когда человек, наполнив себя любовью, вдруг сталкивается с тем, что в очереди к нему, в буквальном смысле слова, начинают прилипать люди. Я могу с лёгкостью подтвердить это, действительно, всё так и происходит: когда вы наполнены любовью, вы вдруг замечаете оживлённый интерес к себе, активное и живое общение, а через это и свой личностный рост. Вы вдруг замечаете, что легко находите общий язык с людьми, к вам тянутся, появляются интересные темы, и осознаёте, насколько красиво вы стали излагать свои мысли, а из стеснительного ранее человека вы вдруг превратились в общительного и интересного.

От того, что вы желаете, должны исходить тепло и любовь в вашей душе. То, что вы желаете искренне, обязательно к вам придёт, а Любовь наполнит желаемое великой силой притяжения. Наполните свои мечты светом искренней и чистой Любви, окутайте этим чувством всё вокруг. Такой Любовью, какой вы любите своего ребёнка. В вас есть эти запасы! Ведь если вы можете любить своих детей такой искренней Любовью, значит, найдутся ресурсы на искреннюю Любовь ко всему остальному, Источник - Один. И он - неисчерпаем. Посылайте Любовь, пока ваше желание не войдёт по вибрациям в резонанс с энергией Любви. Желания начинают проявляться в физическом мире, когда они находятся на одной частоте с Любовью, и вы, в этом случае, и являетесь создателем, слившись, с Источником. Применяя безусловную Любовь, вы притянете к себе больше событий, людей, ситуаций, которые вам придутся по душе.

С помощью метода Хосе Сильва, где научившись выходить на уровень Альфа, я смогла привлечь новую работу мужу, которая уже ушла от нас как месяц назад. Неожиданно отказ сменился на приглашение, и это было для нас чудом и прекрасным изменением той, тогда сложившейся ситуации. Альфа - это уровень, когда мозговые волны замедляются до половины их частоты при нормальном бодрствовании. Каждый вечер, в течение недели, со слегка приоткрытыми глазами, я вела отсчёт от 100 до 1, тем самым, достигая полного расслабления. И только в таком, изменённом сознании, достигнув Альфа уровня, я подходила к владельцу той фирмы и наполняла, окружала его светом любви, радуясь новой работе мужа. С помощью этого метода я научилась определять то ощущение, которое ясно сообщает мне, что желаемое теперь сбудется, точнее уже имеет своё проявление в настоящем.

Визуализация в настоящем - ключ в эффективной материализации. Чтобы привлечь большое желание и само восприятие желаемого в настоящем, помогут должные поведение и действия.

Хотите иметь лучше отношения? Любите всех людей безоговорочно и ищите в них те качества, которые бы вызвали в вас ещё большую любовь и уважение к ним.

Хотите богатства? Ищите те вещи, которые помогут почувствовать себя богатым, полюбите деньги, вообразите себя богатым и ведите себя соответственно. Полюбите то, на что тратите деньги, точнее, вкладываетесь. Полюбите сам процесс вложения денег, будь то оплата счетов или покупка еды в магазине. Чувствуйте себя богатым, во что бы то ни стало! Именно ощущение доступности, ваше внутреннее состояние, выведут вас на уровень процветания. Эти ощущения вскоре станут естественными для вас, так как вы, как магнит, притянете в свой Мир то, что думаете.

Хотите стать стройнее? Полюбите своё тело, ищите способы придать ему лёгкости и здоровья!

Хотите, чтобы ваша кожа была упругой, оставалась дольше молодой и красивой? Дайте ей это с помощью самовнушения: душ укрепляет, очищает и оздоровляет, танцы молодят организм.

Я покупаю свой любимый крем, мысленно даю ему установку, что он – самый эффективный, самый дорогой крем для лица, разглаживающий морщинки, придающий силу и сияние моей коже. Мне ещё до старости далеко, но на фотографии из будущего я - красивая загорелая моложавая (!) старушечка с прекрасными белоснежными волосами, в белом брючном костюмчике, иду на яхте по морю, и ветерок приятно ласкает моё светящееся от счастья лицо. Как вы думаете, можно ли после такой картинки бояться старости или буду ли я в своём будущем больной или нищей?

Воспитывайте в себе равновесие и уверенность, уважение и любовь к себе, развивайте в себе способности через вашу веру к ним. Ваша самооценка несёт прямую ответственность, как за текущую ситуацию, так и за то, что ждёт вас в будущем. Ваше видение будущего ограничивается только тем, что вы думаете о себе или можете создать.

Воодушевление, действия и выбор

Мы подошли к вопросу нужных действий в процессе осуществления мечты, самой когда-то непонятной, но теперь любимой моей частью в материализации желаемого. Принять конкретные действия вам подскажет ваш порыв. Именно то, что я люблю море, солнце, тепло и песок, подтолкнуло меня к идее переезда в более южную страну. Но чтобы всей семье было комфортно, доставляло радость нахождение за пределами привычного места, я определила более чёткую цель: мы будем жить в южной стране, но по желанию всегда сможем приехать пожить и в привычном для нас уже месте, так как у нас будут такие возможности, мы - финансово независимы.

Практически каждый из нас сталкивается с тем, что не знает, чем бы он хотел заниматься в этой жизни. Я тоже долго ходила вокруг да около. Я искала в книгах чужой путь самоопределения, чёткие руководства, но каждый раз скатывалась в никуда, понимая, что у каждого – своя дорога. Поставив же цель выявить для себя жизненные задачи, я стала более наблюдательна к себе и своим ощущениям. Я стала замечать, что мне нравится доставлять людям удовольствие через общение, в какой-то мере благотворное влияние на их жизни. Я активно применяла рейки, если меня кто-то об этом просил. Внезапно я обнаружила другой путь: общение через блог. Но опять же, чем больше я выкладывала свои мысли на своих страницах, тем больше мне хотелось ещё и живого общения. И именно моё воодушевление, мой порыв привели меня к организации собственных тренингов. Ко мне пришло понимание своей ниши, своей изюминки в этой сфере. Я стала не действовать, а творить. Именно это определение, как мне кажется, больше подходит под характер действий, которые мы совершаем, когда воодушевлены, - мы творим свой Мир, занимаясь тем, что нам по душе. И я нисколько сейчас не сомневаюсь, что это - не конечная остановка, а бесценный опыт на пути моего развития.

Найти себя вам поможет обдуманное и детальное обозначение приоритетов на карте своей жизни. Запишите все ваши основные цели, то, что вы хотели бы достичь. Теперь подумайте о том, что вам нравится и запишите эти вещи. Отключитесь от мира и поразмышляйте, насладитесь одиночеством, которое является драгоценным временем для разговора с самим собой, приобретения полного спокойствия и умиротворения, в освобождении энергии и творческого потенциала. Отмечайте всё, что приходит вам на ум. Можете воспользоваться далее приведённым примером, но помните о важности самостоятельной работы с подсознанием.

общаться с людьми

детский смех   создавать украшения

дизайн одежды   печь   готовить

море   музыка   сочинать стихи

┌─────────────────┐
│   ЦЕЛИ   │
мозаика │ путешествия   │   ухаживать за цветами
│ дом у моря   │   солнце
ездить на машине │ выйти замуж   │   отдыхать на даче
└─────────────────┘
реставрировать   горы   природа

рисовать   преподавать

фотографировать

Дополните карту жизни ответами на следующие вопросы.

- Чем вы бы занимались, имея все материальные блага и нужные ресурсы?

- Чего бы вы хотели достичь в жизни, чтобы после, оглядываясь назад, не сожалеть, что не сделали этого?

Отвечайте на вопросы смело, не ограничивайте себя. Человек рождается дважды: первый раз, когда он приходит в этот мир, а второй раз, когда осознаёт своё предназначение.

Действие по вдохновению становится очень важным! Ваш порыв, ваше воодушевление подскажут вам нужное направление и нужные действия. Определите для себя главные задачи, составьте список, пусть, для начала, это будет список, составленный на основе ваших вопросов или намерений, к примеру:

- найти себя;

- стать финансово независимым;

- найти дополнительные источники доходов;

- найти надёжного партнёра / спонсора.

Вам нужно определить промежуточные цели, дав чёткие указания Вселенной, которая выполнит список дел, предназначенный для неё. К примеру, "найти дополнительные источники доходов" не является указанием именно вам их найти, воспринимайте это как заказ и доверьтесь, что он будет выполнен. Вам нужно будет только оставаться открытым к подсказкам и новым открывающимся возможностям.

Отдавая себе отчёт в том, что хотите, превратив свои жалобы в намерения, чётко представляя себе конечный результат в настоящем, вы добьётесь открытого общения с вашим подсознанием и с отзывчивой Вселенной. Далее предпримите действия, которые вас вдохновляют. Эти действия - интуитивны. Когда вы вдохновлены, порыв влечёт вас выполнять их, а вы получаете удовольствие от осознания, что участвуете в законе притяжения посредством своих действий. Ограничения и препятствия исчезают на вашем пути.

Медитации, собственное внутреннее равновесие, видимые и невидимые помощники помогут вам в достижении той гармонии, необходимой в правильной визуализации. Помните, вы - Магнит, Магнит для возможностей, нужных ресурсов, Магнит для осознания нужных целей и действий.

Вдохновение, бывает, пропадает на время, когда мы заняты повседневными делами или ищем ответы на другие свои вопросы. Сделайте паузу в своих делах, возьмите в руки фотоаппарат и идите на творческую прогулку. Эти великолепные пейзажи нашей драгоценной планеты увлекут вас минимум часа на два. Домой вы вернётесь умытыми душевно, все нерешённые вопросы уйдут на задний план или, что ещё лучше, решатся сами собой. Творческого порыва хватит на пару-тройку дней, а то и больше, а муза, посетившая вас от такого тесного общения с природой, материализует кисточку в вашей руке, вы полностью окунётесь в процесс творчества.

Конечно же, ваши источники вдохновений - ваши дети. Игры, совместные прогулки, увлечения также подарят вам массу волнительных творческих порывов. Смело приступайте к рисованию, написанию книги, плана своих дел или бизнеса. Наблюдайте за собой: что же ещё способствует появлению вдохновения? Общение с домашним питомцем, а может, посещения театра, музея? Вкладывайтесь в эмоции и впечатления, способствующие пробудить в вас талант, побудить вас к действиям. Ваши дела по вдохновению наполнятся дополнительной энергией, а результат ваших работ удивит вас самих.

Ещё немаловажный фактор в нужных действиях - ваш выбор. Создавая свою реальность, каждый раз задавайте себе вопрос: "это меня продвинет к цели или нет" или "это будет способствовать созданию улучшенной жизни или нет". Если налоговая служба вызвала на проверку бухгалтерии, выбор здесь понятен. Но сидя в кабинете, я не буду спорить со служащим, а направлю беседу в выгодное для меня русло, -

это и есть мой выбор. Переживать, как прошла встреча, не буду, а пошлю любовь на это событие, себе и всем участникам, чтобы энергия любви в наилучшем свете воздействовала на качество события, а моё появление, состояние моих отчётов произвели должное впечатление, послужили примером сдачи бухгалтерии. И снова это - мой выбор.

Если вдруг внезапно обнаружили, что выпили молоко с истёкшим сроком, не пугайте себя мыслями о возможных последствиях, пошлите любви и спокойно скажите себе: "всё - на пользу". И да, да, молоко не будет именно для вас испорченным.

Если вы в своей спешке не выслушали ребёнка и начали переживать по этому поводу, остановите свой внутренний диалог, подумайте, что так, скорее всего, надо было для установления рамок дозволенности, а в следующий раз сделайте выбор в пользу счастливых взаимоотношений с ребёнком.

Серьёзно поспорив с начальством, не переживайте, напомните себе, что всё - на пользу.

При любых обстоятельствах помните о необходимости спросить себя вначале, приведёт это вас к нужной цели или нет, взяв, тем самым на себя ответственность за движение в нужном направлении. Но, каков бы ни был ваш выбор, исход встречи, ваше поведение или действие, ни в коем случае не корите себя. "Всё - на пользу" является ключом в вашей улучшенной реальности.

Человек живёт полноценной жизнью, когда у него есть цель. Что приблизит вас к её проявлению?

√   Сидение на диване или прогулка?

√   Обучение рисованию или отрешённый просмотр телевизора?

√   Оформить очередной кредит или начать копить?

√   Пожарить мясо на сковороде или приготовить в духовке?

√   Пойти на вечеринку или заняться продажей старых вещей через аукцион?

√   Забросить дело или найти новое решение?

Если вы одержимы победой над собственной ленью, пассивностью, тогда в путь, со всей ответственностью делайте наиболее выгодный для вас выбор. Составьте план своих действий. Если вы решили написать книгу, выделите как минимум два часа на каждый день в своём календаре, и приступайте. Подумайте, всего за несколько месяцев вы можете написать свою первую книгу. Ничего страшного, если поначалу "не клеится", работа над ошибками - ценный опыт. Главное, что вы определили себе задачи и выполняете их, терпеливо, но верно, семимильными уже шагами продвигаясь к цели. Тема книги к вам придёт, как только вы этого попросите. Вдохновение направит ваши мысли в нужное русло.

Если же вы - специалист в своём деле, с вами советуются, попробуйте себя в качестве консультанта, коучера, тренера. Найдите свою нишу, которая напрямую связана с вашими навыками и интересами. Вы можете создать на этом успешный бизнес. Составьте список своих семинаров, курсов, с целью чётко понимать сферу своей деятельности, иметь представление, что предложить клиенту в ответ на интересующие его вопросы. Проведите свой первый пробный семинар в кругу своих знакомых, но подготовьтесь к нему так, чтобы к концу сессии у слушателя осталась потребность продолжить с вами занятия.

Может, вы любите розы? Найдите поставщиков саженцев, приспособлений для разведения и выращивания роз, создайте свой интернет-магазин или же запустите свою сеть распространителей роз, организовывая "встречи роз" у соседей или на фирмах. Дайте волю своему воображению, и у вас обязательно всё получится. Вы можете создать свой блог по теме "выращивание или разновидности роз". Создав сайт и оптимизировав его, вы привлечёте посетителей, а рекламодатели заинтересуются вашей площадкой. В среднем, хорошо раскрученные блоги в Финляндии, к примеру, приносят 50 000€ в год.

Если же вы предприимчивый человек и видите себя в информационно-технологических структурах, изучите рынок, найдите в интернете фрилансеров и организуйте свой собственный проект.

Увлекаетесь фотографией? Ознакомьтесь со всеми способами заработка на фотографии, изучите это искусство или же создайте свой канал на youtube.com, в котором будете демонстрировать свои умения и навыки, обучать начинающих фотографов. Пусть они будут бесплатны, но со временем, когда повысится рейтинг вашего канала, вы сможете зарабатывать на рекламе. Найдите также свою нишу в фотографии, пусть это будут промышленные здания или бабочки, а может, целые истории. Развивайтесь в своём направлении, вдохновляясь на новые открытия.

Может, у вас есть история, которая, полагаете, будет интересна или полезна другим? Свяжитесь с издательствами журналов, ваш рассказ, напечатанный в нескольких номерах подряд, возможно, повысит рейтинг журнала, а вам начнут приходить заказы на новые статьи.

Подойдите к выбору и к плану ваших действий ответственно, радуйтесь каждому новому своему шагу. Отпразднуйте достижение цели, отблагодарив самого себя по достоинству.

Ваши помощники

Я желаю, чтобы всё, что вы ни делали, ни думали, было бы вам в помощь. В помощь реализации желаемого, освоения техник визуализации, в привлечении нужных вам вещей или событий. Я посылаю вам любви, чтобы сердечки ваши раскрылись, вы почувствовали свободу себя, своих действий, своей реальности. Пусть всё вокруг пропитается любовью, всё, куда падает ваш взгляд или чего вы касаетесь. Пусть все ваши мысли пропитаются любовью, станут светлыми, а ваше присутствие и прикасания станут волшебными.

Ваша Вселенная - ваша Фантазия, а ваша Фантазия - ваша Вселенная! Доверяйте Вселенной, доверяйте себе.

Принимайте подсказки с открытым сердцем, живите яркой жизнью сейчас. Оглянитесь, вы увидите здоровые красивые деревья, полные жизни, ведь это само по себе чудо, которое матушка-Земля нам подарила. А сколько видимых и невидимых энергий или помощников нас окружает, так и ждущих нашего с вами внимания к ним.

Я приведу далее несколько практик и примеров их применения, которые помогут вам обрести игривое и счастливое состояние позволения или дозволенности, вы научитесь понимать язык Вселенной и создавать нужные условия для проявления ваших желаний, научитесь программировать свою жизнь.

Чем проще вы отнесётесь к работе силы мысли, тем естественнее вам будет её применять. А навыки в применении полностью поменяют ваш разум, привычки, а вместе с тем и вашу реальность в улучшенную сторону.

Игры с воображением

Помню себя подростком, не совсем в нужной компании находясь, я вдруг заметила, что мои переживания уходят сами по себе, когда я представляю здоровый зелёный лес. Эта картинка увлекала и в то же время вытесняла тревожные мысли. Видимо, тогда уже, ещё неосознанно воспользовавшись силой мысли, меня "отвело" от сомнительной компании, а жизнь стала насыщенной и интересной.

Когда я поступала в университет, мне все говорили, что поступить невозможно, и это "невозможно" дразнило меня и подталкивало поступить, во что бы то ни стало. Помня про свой зелёный лес, я стала всё чаще представлять цветущую яблоню. Один раз она мне даже приснилась. Думаю, сон был знаком для меня, а я оказалась той единственной с нашего города в тот год, кто поступил в тот университет. Странное стечение обстоятельств, видимо, у меня в то время не было цели выучиться там (лишь поступить), а у родителей было сильное желание дать мне образование в Финляндии: я, бросив университет в России, уехала-таки учиться к северным оленям (видимо, ещё и мой зелёный лес материализовался тогда). И как же я благодарна своим родителям за это! Понятно, для меня не составило труда поступить в университет в Финляндии. И яблони цвели, и клубника плодилась.

Позвольте себе окунуться в своё воображение. Что в вашем сознании ассоциируется, к примеру, с изобилием? Думаю, первое, что пришло вам на ум, - это денежные купюры. Ответьте теперь честно, вы искренне испытываете лёгкость и радость, воображая крупную сумму денег, или же они вызывают в вас какие-то негативные эмоции? Я думаю, в большинстве случаев, нам, приученным думать, что деньги - это плохо, сложно сердцем или ощущениями наполнить искренней любовью такие, вдруг представшие перед нашим взором, сокровища. Поэтому я предлагаю вам испытать мою технику. Представьте, к примеру, большой сказочный дуб, который увешан весь огромными сливами, гроздьями винограда, манго, киви, всем, что на ум придёт. Да даже пусть это будет просто рябина, вся увешанная спелыми, сочными, ярко-красными и тяжёлыми гроздями ягод. Это - ваша ассоциация вашего финансового состояния. Теперь каждый раз, когда вас будут посещать мысли о наличии денежных средств в вашем кошельке или на банковском счёте, представляйте сразу свою Рябину, увешанную гроздями ягод. Ваше финансовое состояние с этого момента - благородное, здоровое, плодовитое дерево. Семя не только посажено и выращено, но и плодится уже!

Пусть ваше дерево работает на вас во всех сферах вашей жизни. Пусть рябина станет вашим символом удачи и успеха, здоровья, карьерного роста. Даже находясь в пробке, думайте о своём символе удачи: машины вокруг вас сами разойдутся, а вы не опоздаете на важную встречу.

В отношениях воображаемый мост сделает вас ближе, наладит связь, откроет новое развитие. Красивые свечи придадут романтики вашим отношениям со второй половинкой. Рисование сердечек (как легко тут заметить взаимосвязь, не правда ли?) привлечёт любовь. Здоровый зелёный лес принесёт здоровье, а солнце, к примеру, новый путь, будь то новая работа или новое путешествие, а, может, развитие каких-то качеств вашего характера. Если заблудились или ищете кого-то или что-то, вообразите лунную дорожку. В Рейки, например, есть настройка Лунного Света, энергию которой направляя на потерявшегося, можно найти его или осветить ему путь домой. С помощью воображаемого лунного света можно выбраться из леса, если заблудились, а можно найти себя, своё призвание.

Играйте с воображением, ассоциируя конкретное желание с лёгкой по восприятию картинкой, создавая новый мир, привнося новое свойство в желаемое.

Воображение – сила, которая формирует нашу реальность. Развивайте своё воображение путём придумывания нового назначения разным предметам: к примеру, зонта (укрыться от проблем), утюга (загладить ссору), пульта (перемотать события, переключиться с ссоры на мир) и так далее.

Вместе с ребёнком устройте соревнование: кто больше придумает новых назначений для чайника, вешалки, ковра, варежки. Ребёнку это будет не только интересно, но и полезно. С каким увлечением он начнёт придумывать разные способы применения.

Возможно, это разовьёт дизайнерские способности! Только представьте, ваши новые кожаные перчатки вдруг стали своеобразными горшочками для цветов, символизирующими развитие ребёнка. Конечно, обговорите сначала условия игры. Но скажу, что ради такого общения с ребёнком, его и вашего развития, ваши перчатки - поистине стоящее вложение!

Скатерть-самобранка с полезной едой в вашем постоянно повторяющемся воображении, когда думаете о достатке, одарит вас праздниками и изобилием блюд, а ваш холодильник всегда будет полон.

Воображаемая ракета ускорит продвижение по службе.

Набрав цифру 8 на своём телефоне, вы свяжетесь со Вселенной, смело говорите своё намерение!

Настройте ваше радио на частоту исполнения желаний или на финансовую стабильность, доходы или на улучшение здоровья. А можно самому мысленно настроиться на канал благополучия, представив антенну на голове.

Мечтая стать уверенной в себе, я представляла внутри себя солнце, наполняя себя и восприятие меня другими, светом и радостью.

Запишите далее 3-4 сферы жизни в столбик, в которые вы намереваетесь внести изменения, а рядом ассоциацию, которая проявит желание в вашей реальности. К примеру:

Намерение: Я - ценный и нужный работник, у меня дело моей мечты. **Ситуация:** Вас приняли на работу, но по какой-то причине, место, на которое вы шли, не отдают, а вам приходится выполнять второстепенную работу.	В любом случае будет достаточно дерева с плодами. Но вот второй вариант: Солнце (проясним и осветим всем, куда нас взяли), поле цветов (вид деятельности расцвёл), в середине поля - огромная Звезда (это вы и ваш успех). Теперь этой картинкой замените картинку сегодняшней ситуации и воспринимайте свою работу именно как "Звезда в цветущем поле, заполненном солнечным светом".

Будьте смелы в своих ассоциациях и сохраняйте юмор.

Якание, переименование, подарки

У В. Гурангова и В. Долохова есть хорошие симоронские способы повлиять на развитие ситуаций: якание, дарение подарков и переименование. При якании вместо ворчания на мужа "опять целый день у экрана, посуда не убрана, расчёска не на том месте", проговариваете про себя "опять целый день я у себя, я не убрана, я не на той мне". Злиться после якания точно не захочется. Что ж поделаешь, так устроены мужчины, их необходимо просить: "убери, дорогой, пожалуйста, посуду". Но, знаете ли, вот здесь пример наших привычных убеждений: мужчины - все такие. Как только вы поверите всем сердцем, что "мой муж - внимательный и любящий", всё именно так и начнёт происходить! Вы будете наслаждаться порядком дома, спокойствием, а мужу захочется просто так осыпать вас цветами.

В технике переименования нужно увидеть что-то весёлое или приятное глазу в своём окружении и переименоваться в это. Я подходила к зданию, где тогда работала, был летний солнечный день. Пчёлка, резво летающая и стукающаяся о стёкла машин на парковке, привлекла моё внимание и развеселила, - очень уж смешно она всё это делала, как будто играла. Я переименовалась, ради любопытства: "я - пчёлка, играющая в машинки". Новое имя мне понравилось, и я со смехом открыла дверь в здание. Прямо перед входом

- автомат с кока-колой, привлёкший сразу моё внимание, а на маленьком экране неистово мигает надпись: "Ask for more" ("Проси больше"). Рядом с надписью красуется заводской код автомата, который я, разбив на двухзначные числа, указала в лотерее. И надо же было такому случиться, но именно эти 5 цифр тогда совпали.

Укладывая ребёнка спать, вместо привычной тогда ещё мысли "опять два часа придётся читать", стала представлять с увиденной рядом висевшей картинки своё новое имя: "Я - три дельфинчика, выпрыгивающих из воды". Ребёнок всё чувствует, а с таким настроем мамы он успокаивается и засыпает очень быстро. То же самое и с уроками. Подходя к ребёнку с мыслями "опять на два часа уговоров и занятий", вы получаете ровно то, что "заказали". С доверием, с настроем "умница во всём, всё слышит, понимает, делает", - вы добьётесь больших результатов. Если ваше внутреннее состояние - беспокойство или спешка, то вы не сможете искренне настроиться на нужную волну. Чтобы внутренне успокоиться, вполне может помочь глубокое дыхание, позволяющее расслабиться, переименование или же, что я люблю больше всего, наполнение себя (а следом, и своё окружение) чувством Любви.

Идёте к зубному, переименуйтесь в "очки врача на носу" и вам не будет больно, ведь очкам не может быть больно. Оглянитесь по сторонам, когда идёте на важную встречу. Отметьте для себя что-то притягивающее ваш взор, не доставляющее внутреннего дискомфорта и переименуйтесь в увиденное: "я - крася-

щийся и сверкающий на солнце дом" или "я - кружа-
щиеся листья".

У меня все задарены подарками. Воображаемыми.
Когда ребёнок пошёл в школу, начались трения между детьми, кто с кем дружит, а также сложности с
тем, кто как с кем себя проявляет и какую позицию
занимает. С ребёнком мы вместе придумали подарки
для тех, кто пытался как-то дразнить или вытеснить
из складывающейся тогда ещё компании. Это были
волшебные слоники, собачки, черепашки. Дарение
подарков стало естественным способом изменять в
лучшую сторону любую ситуацию. В детском саду было дитё, которое всех кусало, щипало, било и царапа-
ло. Когда мой ребёнок пришёл со следами ногтей на
щеке, реакция мамы, представляете, какой должна
быть? Знаете, что я сделала? Каждый день я мысленно
обнимала, посылала любовь этому переполненного
эмоциями ребёнку, дарила подарки. Через месяц наши дети уже дружили, мою дочь никто уже не трогал.
Узнав подробности той истории, учась уже в школе,
моя девочка искренне удивилась: "ааа, а я-то думала,
почему она вдруг перестала меня обижать". Вот и
класс у них сейчас очень дружный.

Если вдруг по какой-то причине собрание прошло
неудачно, или разговор с кем-то оставил неприятный
осадок, я дарю мысленно подарки, и всё становится
на свои места.

Письмо

Другой вариант, когда можно написать письмо о своём будущем в настоящем. Берите свой дневник и записывайте на моём примере. Я настоятельно рекомендую вам это сделать. Мы не привыкли продумывать подробности желаемого, а письмо как раз вас увлечёт и сделает ближе к материализации мечты, к осознанию и принятию того, что действительно хотите. Смело мечтайте о большем, описывайте все подробности, перечитывайте его с чувствами благодарности и любви, дополняйте новыми красками!

Письмо к реализовавшейся мечте

В нашей светлой, новой, чистой вилле очень уютно и комфортно. Через большие окна попадает много света в дом. Красивые дорожки отражаются на стенах и полу. Я сижу на мягком, бежевого цвета, просторном диване, пью кофе (какой аромат!) и смотрю на прекрасный вид из окна. Сразу за бассейном открывается великолепие озера и вершин гор, покрытых лёгкой дымкой. Всё наполнено безмятежностью и спокойствием.

В огромном дворе цветут розы бесчисленного количества разновидностей. Их благоухание пропитывает нежно дом и будоражит ум своим запахом. Птицы ютятся на плодоносных вишнях, и их чири-

канье сливается в одно целое с доносящейся с радио музыкой.

Все наши родные за нас очень рады, они всегда с удовольствием к нам приезжают погостить, а мы счастливы всегда их видеть. Недалеко, по соседству, большой гостевой дом, очень милый и уютный, особенно родителям он нравится и, практически, они там живут постоянно.

У нас самые лучшие соседи в мире. Они добрые, порядочные, всегда выручат, если нужно. И всегда можем друг к другу забежать, обсудить радости жизни, позагорать, покупаться, весело провести совместный вечер. А иногда и совместить пробежки по нашему спокойному и безопасному району.

Я люблю спортивные машины. Когда-то я только мечтала об этом, но теперь проявившаяся в моей реальности Lamborghini занимает лучшее место в нашем гараже. Люблю я кататься на ней по прекрасным дорогам с изумительными видами.

Дочка свободно общается на местном языке, у неё хорошие друзья, а жизнь здесь интересна и увлекательна. Как и у нас всех. Школа совсем рядом с домом, всего в 5 минутах ходьбы мимо соседских домов. Дорога, школа безопасны, да, в общем-то, всё вокруг, где бы ни были или куда бы ни пошли, а все нам встречающиеся - миролюбивы и дружелюбны.

Со школой нам очень повезло! Во-первых, большое внимание уделяется развитию таланта у детей, особенно в творчестве, умении выступать на сцене. В школе учат уверенности, умению общаться на нескольких языках, всячески поддерживают многоязычных детей. Во-вторых, эта школа является самой лучшей школой в данной стране, выпускники поступают по её окончании в лучшие вузы и без вступительных экзаменов. Учителя, родители, испытывая безграничное счастье за своих детей, способствуют своим мировоззрением благоприятному общению друг с другом, создавая тем самым самые комфортные условия для детей.

Люблю после пробежки позаниматься в своём большом и светлом тренажёрном зале (иногда вместе с любимым мужем или дитём), а после расслабиться в обычной сауне, турецком хамаме или джакузи в просторной ванной комнате и послушать спокойную музыку.

У мужа своя мастерская, его творения пользуются большим спросом. Я занимаюсь фотографией, росписью стен, пишу книги, картины. Частенько выставляюсь, причём, успешно, - заказов на несколько лет вперёд. В общем, полная гармония и чистота во всех сферах нашей жизни. Путешествуем много по разным странам, в своё удовольствие, позволяем себе полноценный отдых. Нас окружают замечательные друзья, с которыми легко и надёжно.

Продолжите своё письмо, добавив детали интерьера, мебели дома, описав фасад, двери, перечислив свои машины, яхты, наряды. Опишите всё, что окружает вас, сделайте картинку живой, внеся в неё действие или определённую ситуацию.

Позволю описать интересную историю моей подруги. Несколько лет никак не решавшаяся на переезд всей семьёй в другой город, она только рассматривала возможные ходы. Но в один день её желание стало намерением. Всё же, определённые сомнения, по всей видимости, присутствовали поначалу, поэтому бесчисленные поездки на собеседования в целях найти работу, чтобы не на пустое место ехать, не приносили никаких результатов. После отчаянного стука в закрытые двери приходит потребность остановиться да поразмыслить, чего же именно мы ищем. С открытым сердцем моя подруга доверилась Вселенной, что ей представится случай, который откроет путь к работе её мечты, а вместе с тем будет предоставлена бесплатно квартира на время, пока она организует своё собственное жильё. Все эти годы я была в курсе планов своей подруги, поэтому мне было очень интересно молниеносное и удивительное развитие событий в материализации её желания. Находясь в гармонии с собой и воодушевлённая действиями, подруга вдруг осознала, что у давнишней знакомой, владелицы одной компании, вероятно, есть то место, которое она ищет. Всего один звонок, который вдруг всё решил. Именно эта вакансия на тот момент была свободна. Старая знакомая, ценившая талант моей подруги, с радостью восприняла просьбу принять её на работу. Мало того, фирма предоставляла на 3 месяца квартиру бесплатно в хорошем и спокойном районе. А фейерверком всего для меня лично было то, что эта бесплатная квартира была по соседству со мной, всего в трёх минутах ходьбы от моего дома. И это – в столичном регионе Финляндии!

Не устаю повторять, какие же это чудесные моменты, когда сидишь в приятной компании и вспоминаешь, что ведь совсем недавно эту картину, так красиво реализовавшуюся сегодня, когда-то просто придумал и насытил теми эмоциями, которые испытываешь сейчас.

Использование деструктивной энергии

Если всё же случаются ситуации, в которых нас переполняют чувства негодования, несправедливости, а, может, обиды или злости, - такой деструктивной энергией можно воспользоваться во благо, т.е. трансформировать деструктивную энергию в конструктивную. Стоит упомянуть, что Мир или события и люди, встречающиеся нам, по сути своей, не являются негативными или положительными. Именно мы делаем свой выбор: воспринимаем, применяем либо на пользу себе, либо во вред. У нас всегда остаётся право выбора. Пользу можно извлечь из любого испытания. Использование деструктивной энергии как раз и является положительной, а точнее, полезной трансформацией по нашему выбору.

В современном мире мы привыкли к следующему парадоксу: если нет опыта работы руководителем, то на такую должность не возьмут. Я же, по молодости души, в это свято верила, а потому и не могла сдвинуться с точки: будучи простым инженером, никак не могла перейти на ступень менеджера. Но шанс был предоставлен, и я пошла по многочисленным тестам на должность, о которой мечтала. В то же время происходит из ряда вон выходящая ситуация в моей жизни, вызвавшая во мне бурю негативных эмоций: я практически захлёбывалась от непонимания и несправедливости по отношению ко мне. Деструктивная энергия переполняла меня. Осознав её, я, можно сказать, собрала всё своё негодование в огромный кулак и кинула в сторону материализации желания получить работу и должность, на которую претендовала. Такой ход задел и мой характер: до дерзости в себе уверенная, я произвела сильное впечатление на тестирующих меня психологов и на того, кто принимал меня на работу. Меня настоятельно рекомендовали, а моим единственным минусом в резюме психологов было - "порой чересчур требовательна". И это с моим лояльным подходом к людям и к жизни, вообще. Но, по сути, сам факт трансформации деструктивной энергии в конструктивную налицо: мне предоставили желаемую должность.

Итак, если и случаются негативного характера казусы, воспользуйтесь мощной энергией своего негодования: направьте эти силы на материализацию ваших желаний. Помните, конечно, при этом, что именно благие помыслы вернутся вам благоприятной сторицей.

Осознав же механизм трансформации разрушающей энергии в благоприятную и, научившись им пользоваться, вы сможете, к примеру, направить свой гнев на картину, над которой работаете, придав ей страсти. Такая картина будет завораживать своей энергетикой, наполненной вдохновением такой силы. Не отказывайтесь от сильных чувств, чтобы иметь полное понимание вкуса к жизни, но умейте пользоваться своими эмоциями с целью достижения поставленных задач. Гнев, как электричество, побуждает вас к "обжигающим" действиям и, мобилизовавшись, вы совершаете поистине прорыв, как в своём развитии, так и в осознанной материализации желаний. Гнев побуждает уничтожить препятствия. Не упустите этот момент, эта мощная энергия способна творить чудеса, когда вы смотрите вперёд, а не занимаетесь анализом данной ситуации, концентрируясь на источнике и собственной обиде, порождая уже разрушающий огонь гнева внутри самого себя. Превратите яд в нектар.

В один прекрасный день вы вдруг обнаружите, что чувств жадности, ревности, соперничества в вас больше не существует. У этих энергий нет больше своих проявлений в вашей реальности. Силы этих энергий будут преобразованы в творение. А страсть будет естественным своим проявлением.

Хо'опонопоно

Доктор Джо Витале и Доктор Ихалеакала Хью Лен раскрывают из Гавайской практики замечательную технику Хо'опонопоно, которой я сама с успехом пользуюсь в различных ситуациях и практически каждый день.

Встречая на своём пути препятствия, плохие новости, негативные события, болезни свои или чужие, мы должны понимать всю свою ответственность в происходящем. То, что в нашем мире происходит, мы создали сами, всё, включая несправедливость, которая является отражением наших собственных мыслей и помыслов. Смысл Хо'опонопоно заключается, прежде всего, в освобождении, очищении самого себя. А через такого рода обнуления негативного, мы, соответственно, напрямую воздействуем на все уровни нашего окружения: личностное, окололичностное и дальнее.

Запомните эти волшебные фразы, которые можете использовать при любых обстоятельствах:

Мне жаль

Прости меня

Спасибо тебе

Я люблю тебя

С помощью этих слов, искренне прочувствованных, мы, попросив прощения у Вселенной, Высшего Разума за создавшуюся ситуацию, поблагодарив и послав любовь, настраиваемся на канал Любви, и ход событий начинает меняться. Хо'опонопоно, таким образом, не допускает проявления чего-то отрицательного в вашей жизни, а также благотворно воздействует на негатив, проявившийся в вашем мире. Я регулярно, повторюсь, пользуюсь этой техникой, при любой негативной ситуации, проявившейся вдруг в моей жизни, а также при необходимости очиститься, создать состояние пустоты, чтобы ощутить чистую и искреннюю любовь. Технику также можно применять, когда идёте на собрание, выступление, собеседование, к врачу.

Очистившись, наша реальность становится иной, создаются благоприятные условия, а с ними и обстоятельства. В таком Мире все понимающе и уважительно к нам относятся, дружелюбны по отношению к нам, видят в нас светлого и позитивного человека, хотят с нами общаться, взять нас на работу, заключить с нами контракт, заказать нашу продукцию или консультацию.

Сопутствующие действия

"Ну вот, опять посуда накопилась", - знакомая фраза, не так ли? Что вы испытываете, когда вновь приходится наводить порядок? Уныние, раздражение? Совместите любую рутинную работу с ощущением продвижения вашей цели, и вы будете получать удовольствие от всех домашних дел. Сделайте это вашей привычкой.

Когда моете посуду, представляйте, что расчищаете пространство, в которое входят новые возможности или идеи. Или же намывайте себе заманчивые предложения. Мысленно привлекайте деньги, моя плиту. Улучшайте отношения, моя стол. Процесс страсти и любви совместите с погашением долгов.

Чтобы привлечь деньги с помощью сопутствующих действий, вы должны понять, что закон притяжения взаимосвязан с вашими убеждениями относительно денег. Если вы измените свои мысли о деньгах, на подсознательном уровне, вы позволите дополнительным доходам войти в вашу жизнь. Меняя подсознательные мысли, ассоциируя их с любыми положительными, даже рутинными действиями, мы отсекаем все негативные эмоции, связанные с финансовым состоянием. Изменить мысли подсознания, делая регулярно усилия, вполне возможно. Так вы привыкнете к другим ощущениям по поводу денег, что приведёт действия Вселенной в сторону улучшения вашего благополучия.

Вы получаете то, о чём думаете, активизируя вибрацию своих мыслей. Возьмите сосательную конфету, и все очереди рассосутся. Сходите в душ, и смоются все ваши сомнения.

Прилетев на новогодние каникулы с нашими друзьями на южный остров, мы столкнулись с неожиданной неприятностью. У ребёнка друзей - температура 39. Мобилизация всех сил произошла молниеносно. Мы написали на листочке бумаги "высокая температура" и скинули его на пол со стола. Температура, понятное дело, упала. Ребёнок тут же выздоровел, и уже через пару часов мы все резвились в бассейне. Помню, правда, вопросительные взгляды других отдыхающих, когда наши друзья то и дело вынимали градусник у ребёнка. Но, поверьте, причин для волнений уже попросту не было. У нас у всех был замечательный двухнедельный отпуск.

Идя на работе по длинному коридору, я совместила данное действие с ощущением, что меня ведёт этот путь к успеху, направляет мои мысли в творческую, а не рутинную деятельность.

Творчество и музыка

Состояния счастья, внутренней гармонии можно добиться, занимаясь любимым делом. Я любила всегда рисовать, поэтому то, чем я занимаюсь сейчас, для меня самой - совсем не открытие, но мне кажется, здесь всё же имеется доля чуда: ведь когда-то я просто мечтала научиться техникам и приёмам в рисовании, а теперь я черпаю информацию из подсознания. И то, как я пришла к этому, и есть чудо.

Как известно, левое полушарие нашего мозга отвечает за работу логики, анализ, двигательную активность, а правое - за образное восприятие, интуицию, эмоции, творчество. Чтобы добиться равновесия в мозговой активности после работы, которая требует сосредоточенности, советую заняться творчеством, будь то рисование, фотография, любые поделки ручной работы, общение с цветами, ребёнком, свои или совместные семейные увлечения. Вы достигаете баланса в мозговой активности, достигаете равновесия на эмоциональном уровне. В процессе творчества вы также развиваете работу левого полушария, что немаловажно в практике визуализации, открывая всё больше и больше в себе свои неограниченные возможности и свой же талант.

Чудеса, да и только. Я об этом слышала, но испытала на себе, взяв кисточку в руку. Я всегда мечтала научиться рисовать воду. Набрав на сайте youtube.com "уроки рисования", я приступила к обучению. Уже через пару дней, вооружившись пакетом кисточек и акриловых красок, я, воодушевлённая, готовила ..не поверите, стену, точнее, две смежные, у себя дома для создания картины прямо на них. Естественно, мне, такой в море влюблённой, хотелось морского пейзажа, отобразить свои воспоминания с путешествий, притянуть, скажем, вид с собственного дома на морском берегу. Музыка, бокал вина, и дело пошло в ход. Не скрою: чтобы добиться нужного цвета воды, просветов в волнах, мне понадобились время и терпение. Но уже с первыми мазками я вдруг заметила свою отстранённость от реальности. Вдохновение само водило кисточку, подсознание проснулось и показало, какие именно краски нужно использовать, как выводить линии. Не зря говорят, что в каждом из нас живёт художник.

Вспомнив воодушевлённый отзыв подруги о курсах правополушарного рисования, я полностью доверилась своему открытию своих возможностей и способностей. Вскоре на стене появились берег, горы, пещера, речушка, пальмы. Я научилась общаться с подсознанием. Бывало, задаваясь вопросом, к примеру, как нарисовать прибрежную волну или перламутровое небо, я, чаще перед сном, получала ясную картину. Как будто изображение сначала было размыто, а потом, вдруг, приобретало понятные и чёткие формы. На следующий день я также ясно помнила картину, проявившуюся у меня в голове, и рука сама уже брала нужные краски. Начали происходить уникальные вещи: тренируя работу правого полушария и балансируя его, таким образом, с работой левого, моя тяга к творчеству, способности, производительность увеличились в разы. Я ощутила крылья, наконец-таки, и получила внутреннюю гармонию, что ну очень благоприятно сказалось как на отношениях в семье, на моём внутреннем состоянии счастья, так и на моей трудоспособности и душевном состоянии на основной работе. Работая над тем, что мне по душе, я вдруг стала получать больше сил и энергии. Приучив себя к того рода общению с подсознанием, я вдруг поймала себя на мысли, что я стала решать и некоторые жизненные вопросы таким же образом: доверившись, что ответ меня сам посетит либо я получу необходимый знак, - нужные решения довольно быстро вырисовываются в моей голове.

Когда же я приступила к написанию книги, подруга посоветовала слушать музыку или мантры во время работы. Я же с ней полностью согласна: музыка успокаивает, настраивает на общение с подсознанием, несёт с собой свою энергию гармонии в наши же творения. И с написанием книги начинает происходить то же самое, что и в рисовании: приступив к делу, ваши образы вдруг начинают принимать отчётливые формы, а работа начинает происходить на подсознательном уровне. Результат же работ, сделанных в ощущении гармонии и "медитативного" состояния любви и счастья, может превзойти все ожидания. Такие работы будут пропитаны благотворной энергией, принося людям везение, успех, счастье. Всё - энергия.

Слушайте любимую музыку дома, в машине, когда занимаетесь спортом, на работе, надев наушники. Музыка окрыляет и заводит моторчики счастья у вас внутри. Одно время я пользовалась одним и тем же диском, находясь в машине. Те мелодии, в буквальном смысле слова, приносили мне удачу: я очень быстро настраивалась на нужную мне волну, а важные встречи проходили всегда успешно. Так, я попала удачно на собеседование и в нужном свете представилась. Хочу отметить, что если уже и не совсем прошло на встрече всё, как надо, не отчаиваемся: включаем музыку и возвращаем себя на волну счастья. Так мы влияем на ситуации в прошлом и не даём им распространиться в этой реальности своими переживаниями и предрассудками.

Воспользуйтесь своим музыкальным инструментом или возьмите простой карандаш. Наиграйте мелодию или нарисуйте своё внутреннее состояние, эмоции от осуществления вашего желания! Таким образом, вы эмоционально настроитесь на материализацию мечты, войдя в резонанс с Источником через ваше творчество.

Знаки

Знаки везде и повсюду, всё, что вы видите вокруг, абсолютно всё говорит о вашем состоянии, а также показывает, какие дела вам следует совершить, чтобы приблизиться к цели, и идёте ли вы по правильному пути.

Если вы видите контролёра в общественном транспорте, вспомните, не нужно ли вам было какие-то бумаги подготовить, займитесь ими. Если же вы слышите от своих знакомых, что у них дела какие-то поправились, знайте, что это вам знак: ваши дела идут тоже на поправку. Если вы загадали себе новую ауди бордового цвета, и она стала вам чаще попадаться на дорогах, то знайте, что приобретение этой машины приближается к вам. Если по почте пришла реклама курсов и привлекла ваше внимание, подумайте, не вы ли загадали себе проявление необходимого для вас обучения?

Если рабочий стол не убран, разложите всё по своим местам, наведите порядок, и ваши рабочие дела нормализуются. Плиту, говорят, нужно всегда поддерживать в полной чистоте, чтобы вкусности, на ней приготовленные, не переводились.

Негативные события - тоже знаки. Чтобы снять их воздействие, я использую всегда технику Хо'опонопоно. Такие знаки говорят, что нам следует очиститься, чтобы цепочка негативных событий приостановилась.

Знаки или подсказки можно попросить (не забывая оставаться открытым Вселенной), чтобы решить определённые вопросы. К примеру, перед вами две дороги, одна из них - наиболее привлекательна. Попросите Вселенную дать вам знак, какой путь выбрать. Когда меня пригласили на собеседование в город, в который мечтала переехать, я загадала: "Вот услышу по русскому радио Мадонну, значит, смена работы и переезд - правильное решение". В Финляндии на русском радио зарубежных исполнителей тогда не включали вообще, но я понадеялась на чудо. В общем, мне либо сердце так подсказывало, либо в голову что-то ударило. Не поверите, но по радио две недели потом крутили песню Мадонна в исполнении Александра Серова и почти каждый раз, когда я садилась в машину. Я же не уточняла, какую именно песню или исполнителя, ведь мне нужна была просто Мадонна. Вот Вселенная и пошутила. В период такого вида трансформации происходят также странные события, нам встречаются странные люди. В день, когда я получила договор на новую работу, я сначала встретила странного юношу с огромной шапкой рыжих волос, разодетого в яркие цвета. Конечно, я приняла это за знак о переходе, и мы благополучно переехали. Когда же уже стала продвигаться на новом месте, то перед очередным собеседованием загадав "возьмут - не возьмут", столкнулась в нашей компании со своим соседом, которого ну просто невозможно было встретить в одном здании. И это был знак, что меня возьмут на новое место.

Знаки можно и нужно просить. На вопрос "суждено ли быть вместе с …", можно загадать, к примеру, что если это так, то Вселенная пошлёт много роз или даст ещё какой-либо понятный знак. Букеты роз, в этом случае, можно увидеть неожиданно на улице, по телевизору, где угодно, просто оставайтесь внимательны к своему окружению, к тому, что Вселенная вам посылает, - ваше общение с ней даст вам понять, что на самом деле происходит, а также направит на нужные действия.

Мне вот так Вселенная послала один раз из ряда вон выходящий знак. Сейчас смешно вспоминать, но тогда это было просто возмутительно! Находясь в поиске себя, я задавалась вопросом: "Чем таким заняться по жизни, чтобы приносило радость и мне и людям"? Я просила понятные мне знаки. Я искала что-то в шкафу и вдруг, тяжеленная полка, так и не пристроенная никуда дома, но полтора года тихо стоявшая и никого не трогающая, падает на пальцы на моей ноге. Этот судьбоносный шлагбаум сломал мне большой палец! Зато во время больничного отпуска появилось время подумать над этим знаком. И над всеми предшествующими. Действительно, никогда ранее не подвергающаяся каким либо травмам, я уже стала задумываться, кто или что меня пытается притормозить уже несколько раз за такой короткий промежуток времени. Я понимала, что темп на основной работе иногда выносит мне мозг, но "сбавить обороты" мне не казалось возможным: крутясь, как белка в колесе, я не могла себе позволить остановиться хоть на миг. Именно со шлагбаумом пришло осознание, именно тогда и произошло прозрение, а цепочка событий привела меня через две недели на курсы классического массажа, причём, вместе с моим мужем. И уже с первых уроков мы практиковались друг на друге. Кстати, очень советую для укрепления отношений пойти на такие курсы, даже просто для себя, как дополнительное совместное увлечение. Эндорфины, полученные в такой практике, окрылят и сблизят вас. Массажи не были никогда целью стать основной деятельностью, но на просьбы друзей и знакомых откликаюсь всегда с радостью и каждый раз "заправляюсь" огромным количеством энергии, получая в ответ чудодейственную благодарность за доставленное мною через массаж удовольствие, расслабление и очищение.

Приметы и гороскоп

Приметы составляем сами, для пользы дела. Естественно, в негативный результат мы больше не верим. Чёрная кошка - к крупному успеху. Услышать Мадонну - к продвижению по службе. Левая рука чешется - конечно, к деньгам! Сосед зашёл - к подписанию нового контракта. Если собеседование назначено на пятницу, 13-ое, то точно возьмут на работу. Я думаю, смысл понятен, ведь мы снова играем с воображением и притягиваем как магнит то, что думаем.

Выходите за рамки своих убеждений, создавайте собственные закономерности. Если зеркало разбилось, значит, впереди переход в улучшенную параллельную реальность, срочно и смело идите за новым!

Я хочу, чтобы вы поняли на примере примет главное: раз мы несём ответственность за всё происходящее, то и всё, что мы думаем, - работает на нас. Вы - источник информации, а не тот, кто вам навязывает своё мнение. Именно вы гарантируете себе тот результат, в который поверите, а не кто-то ещё.

А сейчас немного расслабьтесь. Ведь впереди вас ждёт гороскоп от Елены. На какой год? Придумайте сами, хоть на каждый. Верьте только в хорошие предсказания, раз уж увлекаетесь прочтением гороскопов. На моём примере также можете составить свой личный гороскоп или дополнить данный здесь для себя или даже для членов всей семьи, хоть на каждый день.

Козерог ♑ Козерог

В начале года вас ждёт душевный подъём, порыв предпринять конкретные действия и уже к весне вы воплотите в жизнь свои идеи. Не отказывайтесь от приглашений посетить различные мероприятия. Новое знакомство обернётся крепким и надёжным сотрудничеством. В июне признания в любви дадут вам толчок к творчеству. Приобретите что-нибудь из детских вещей, рождение ребёнка вам предначертано. Набравшись летом сил, к осени готовьтесь к новым финансовым источникам. В ноябре неожиданная крупная сумма денег пополнит ваш кошелёк. Здоровый сон - здоровый дух. Обращайте внимание на сны, в них подсказка. В декабре вас ожидает переезд на новое место. 7-ое декабря - счастливый день. Поездка-сюрприз обогатит вас внутренне и в физическом плане.

Водолей ♒ Водолей

Тесное общение с близкими и друзьями украсит январь и февраль. Вы способны к трансформации и оригинальному образу жизни. Устройте необычный вечер, пригласите необычных людей, где целью вашей встречи будет, к примеру, поделиться своими идеями, либо попробовать себя в качестве фокусника, артиста, консультанта для своих тренингов. Играючи, по весне ждите прибавления к зарплате, а к концу лета у вас - приобретение недвижимости. Ваше желание сбудется 3-ого сентября. Вами будут восхищаться и любоваться, используйте свою силу любви в запланированных делах. Золотая осень поистине будет для вас золотой. Декабрь создайте тёплым и уютным, чтобы придать отношениям больше романтики.

♓ Рыбы   Рыбы

Музыка оказывает на вас сильное воздействие. Окрыляйте себя по утрам звуками любимых мелодий. Зимние месяцы порадуют вас своими сюрпризами, приятными встречами. Ваши счастливые числа - 7 и 3. Вы будете окрылены в прекрасный Март, поездка согреет вас и через эмоции ускорит материализацию ваших желаний. Принимайте на себя поток Любви и Благодати, особенно по весне, чтобы весь оставшийся год пожинать плоды счастья и изобилия. Вам хочется творить, и все силы Вселенной направят вас на издание собственной книги. Счастливые лица будут окружать, радуя вас, поддерживая ваше состояние парения. Значимый сбор урожая начнётся в июне! Здоровье весь год откликается с благодарностью на ваше внимательное отношение к нему. Встречи с родственниками летом, а осень внесёт своими красками прекрасные изменения во все сферы вашей жизни. В декабре крупный денежный выигрыш.

♈ Овен   Овен

В вас бушует огонь, своим энтузиазмом вы вдохновите многих на новые свершения. Ваш талант руководителя будет оценен. Удача вам улыбается весь год, в феврале вас ждёт заманчивое предложение, примите его. Ваши планы грандиозны, и у вас есть все шансы осуществить их. В лотерее укажите обязательно дату своего дня рождения. С помощью силы Любви доведёте начатое дело до конца. Ждите признания, которое вдохновит вас на новый увлекательный проект. В августе появятся новые друзья, воспринимайте их слова как знак и приступайте к нужным действиям с сентября. Запланируйте отдых на ноябрь-декабрь, чтобы привести себя в состояние равновесия. Продолжайте зажигать окружающих своей энергией.

♉ Телец   Телец

Вы прочно стоите на ногах. Ваше внутреннее состояние отразится в реальном мире в виде материализации фундамента дома, предприятия. Ваш внутренний сад усеян новыми идеями. Всем идеям суждено взрасти, вам остаётся только посылать им любовь для удачного сбора урожая. Весь год вы будете наслаждаться плодами своих мыслей, не забывайте благодарить за это. Внезапные источники дохода, будьте внимательны к знакам. Поддержка вашей семьи придаст вам уверенности и активности. Больше времени проводите с близкими вам людьми: совместные развлечения и отдых направят ваши мысли в нужное русло. Ваша настойчивость приведёт вас к цели в начале лета. В осенние месяцы и в декабре - большие накопления и концу года приобретение недвижимости, возможно, собственного магазина или ресторана.

Близнецы ♊ Близнецы

У вас искорки в глазах, состояние Любви внутри вас освещает всё вокруг, притягивая новые интересные знакомства и желающих связать с вами жизнь. Знаки вам подскажут, кого именно выбрать. Если же вы уже нашли свою вторую половинку, новый, полный любви и понимания виток, украсит вашу совместную жизнь. Февраль-март будет судьбоносным, в хорошем смысле слова. Наслаждайтесь работой, ваша ответственность и любовь к делу продвинут вас на планку выше. Посетите курсы по бухгалтерии и предпринимательству, в вас - дар руководителя. Вас оценят как профессионального консультанта. Возможно, это ваше предназначение? Летние месяцы будут яркими и запомнятся надолго. Эмоциональный, благоприятный настрой лета затронет и всю осень. Денежными премиями будут вас осыпать круглый год. В декабре можно снова попутешествовать, накоплений будет к этому времени предостаточно.

Рак   Рак

В этом году, куда бы рак ни пополз, вперёд или назад, его ждёт приятный сюрприз. Неожиданные встречи, подарки, признания, свои успехи и успехи близких вам людей, - вот, чем будет наполнен этот год. Внимательно следите за знаками, в вас – дар целительства, как других, так и самого себя. С помощью рук и силы Любви вы способны влиять на дела других людей и исправлять ситуации. В вас - нескончаемый поток энергии, поэтому с вами всегда легко, а это значит, что уже само общение с вами благотворно влияет на людей и их жизни. Приятные путешествия с мая по октябрь дадут вам эмоциональный подъём, принеся много радости. Финансовая сторона примет новое понимание к началу осени, а через благодарность не только вы обогатитесь к октябрю, но и ваши близкие. Числа 16 и 7 принесут вам удачу. В любви пройдёт ваш год, а ежедневные прогулки и ваше восхищение окружающей вас природой, омолодят ваш организм, насытив его крепким здоровьем.

Лев   Лев

Ваша привлекательность увеличит интерес противоположного пола к вам. Самореализация начнётся с середины января, ваша идея найдёт нужные источники для воплощения. К середине года новые сильные чувства, неожиданный подарок судьбы вас ожидает. Будьте готовы к большим благим переменам в своей жизни. К концу года у вас полностью поменяется понимание дозволенности в связи со значимыми свершениями в течение всего года. Уделив внимание правильному питанию и занятиям спорта, вы уверенно шагнёте в новый этап, привлечёте надёжных партнёров, с которыми и проведёте декабрь в заслуженном приятном отдыхе. Здоровье на высоте, а в любви вы полностью доверитесь судьбе, и правильно сделаете! Рисование восьмёрок на все свои жизненные ситуации откроет правильные пути, создаст нужное и благоприятное развитие событий.

Дева ♍ Дева

Девы любят жить по плану, у неё всё в полном порядке: на работе, дома, в отношениях, в материализации целей. Вашим неоспоримым подспорьем в бизнесе является ваша собранность и умение "ничто" превратить в инструмент в продвижении ваших идей. В январе значимая надбавка к вашим постоянно растущим доходам. Известность в бизнесе, отсюда - ваша популярность как ценного специалиста в своём деле. В марте ваш проект воплотится в жизнь, полученный гонорар превзойдёт все ожидания. Семейные счастливые будни, поддержка близких выведут вас на новый уровень, как в физическом плане, так и в духовном. Созерцайте новые краски вашей жизни. Силой благодарности привнесёте множество нужных и полезных источников в свою жизнь и своих близких. Вам несказанно везёт на протяжении всего года. Здоровье и любовь, как всегда, - на высоте. Счастливые числа: 20 и 9.

♎
Весы — Весы

Ваши весы в этом году станут благоприятными для вас магнитами. Всё, что ни положите на ту или иную чашу, притянется в изобилии в вашу жизнь. Вы почувствуете новые судьбоносные дуновения уже в начале года, что придаст вам энергии и сил воплотить все ваши мечты в реальность ещё в течение года. Любовь, понимание близких, восхищение вами окружающих вас людей, выведет вас на новый эмоциональный уровень, где вы сможете одной лишь мыслью управлять своей реальностью. Новые увлечения станут доступными, а признание вас и вашей деятельности принесут вам ранее небывалые доходы. Именно в творчестве вы найдёте себя, а нужные ресурсы найдут вас. Пейте больше воды каждый день, чтобы ваши творческие каналы обогащались вашим неисчерпаемым талантом. Поездки подарят вам новые идеи. Приобретение недвижимости в августе создаст все условия для вашего развития. Ваши числа: 10 и 21.

♏
Скорпион — Скорпион

Вперёд за Славой - вот чем этот год будет украшен. Абсолютно всё, за что ни возьметесь, принесёт вам успех. Выступления на сцене сделают вас ещё краше, увереннее в себе. Развитие ваших способностей будет происходить с каждым новым дуновением, а понятных и доступных возможностей проявить свою любовь к жизни через свои увлечения и талант, будет предостаточно в течение всего года. Вас оценят, а любовь к вам сделает вас желанным в общении на любой встрече. Ваша жизнь полна интересных событий. Ваша жизнь, зная, что сама является вашим увлечением, откроет для вас дороги, направит в самый благоприятный для вас путь. Вы будете наслаждаться цветами и подарками весь год. Верные друзья доставят много радости, отдых будет возможен тогда, когда захотите. 11 - ваше счастливое число.

Стрелец Стрелец

Ваша интуиция ни разу не подведёт вас. Записывайте все свои идеи и смело воплощайте их в жизнь. Распланируйте подробно, и вы всё успеете! Ваше доверие к людям превзойдёт все ожидания. Именно ваша любовь сделает ваше окружение лояльным по отношению к вам, создаст все условия для взаимопонимания, поддержки, счастливых отношений. В январе поездка в тёплые края согреет ваш разум и наделит вас смелостью, с помощью которой новые начинания с лёгкостью наберут обороты, приносящие стабильные и хорошие доходы. Ваша интуиция подскажет вам нужные действия, как только вы вдохновитесь на конкретные изменения в своей жизни. Вы с огромным удовольствием и спокойной уверенностью пройдёте к цели уже к началу лета, а урожай начнёте собирать уже с конца июля. Осенние путешествия доставят много радости, вас озарит и уже в конце года у вас будет составлен план действий на следующий год. 12 и 8 числа откроют новую дверь.

Луна, Солнце, Свет

Если вы не читали книгу Паоло Коэльо "Брида", советую окунуться в этот мир, где начинает происходить общение с душой. Будучи солнечной натурой, я всё же склоняюсь к мысли, что я – Луна. Всегда она меня завораживает, притягивая взгляд.

Уже давно подмечено, что наши идеи воплощаются в жизнь во время растущей Луны, а очистить пространство для новых свершений, взрастить новые идеи, нам позволяют фазы убывающей Луны. Она влияет напрямую на наши эмоции, сон. Если вы хотите начать новый проект, что-то приобрести, приступить к здоровому питанию, - фазы растущей Луны (фазы вашего роста) послужат надёжным фундаментом, предоставив все условия для успешной визуализации. Полнолуние – время силы, время очистки. Это время, когда препятствия преодолеваются, мы способны отказаться от вредных привычек или негативных мыслей.

Напишите все свои намерения в деталях во время растущей луны, выберите самые главные и 3 раза чётко произнесите их, к примеру:

"Я прошу Вселенную создать гармонию в моей семье!"

"Я прошу Вселенную послать мне крупную сумму денег наличными!"

"Я прошу Вселенную послать здоровье/здоровое сердце!"

Водой управляет Луна. Мы, как известно, по большей части, состоим из воды, отсюда напрашивается логический вывод: сила притяжения Луны, вызывая мощные приливные явления, воздействует и на человеческое тело. Многие люди замечают, что в период растущей Луны, в полнолуние они ощущают прилив сил, а любая акушерка вам скажет, что именно в этот период рождается больше младенцев. Согласно многочисленным исследованиям, в течение полного цикла, от новолуния до полнолуния, Луна несёт различные энергии. Каждый из восьми циклов облегчает процесс создания и проявления. Восемь фаз длятся, в общей сложности, примерно 28 дней. В период Новолуния, когда Луна практически не видна на небе, преобладает энергия для осознания и начала. Энергия Полумесяца придаст сил, обеспечит проявление нужных ресурсов, необходимых для продвижения цели. Первая четверть Луны приступает к выполнению поставленной задачи. Энергия Луны, приближающейся к фазе Полнолуния, помогает нам чётко определить свои цели, сделать вывод, выслушать мнения и внести изменения в план своих действий. При свете полной луны происходит или само проявление желаемого в нашей реальности, или заметное продвижение к нашим целям. Мы можем увидеть, где мы находимся в процессе реализации наших желаний. В фазе рассеивающейся луны происходит оценка результатов, осмысление, получение нужной информации. В это время делитесь с другими всем тем, что узнали, так как через вас проходит большой поток информации. В это время вы чётко понимаете, что делать дальше. В последней четверти Луны мы находимся в фазе успешного завершения действий, происходит уточнение последующих действий, начатых в первой четверти. Происходит переоценка, мы способны определить следующие необходимые шаги, чтобы достичь цели. Во время последней фазы, фазы Бальзамической Луны, подводим итоги и отстраняемся, без привязанности к результату. В этот период не начинаем новых дел или проектов. Это время побыть наедине с собой, поразмышлять, отдохнуть. Мы очищаемся и готовимся к следующему Новолунию.

Наблюдая за изменениями Луны, я отчётливо вижу её воздействие в своей жизни, как в характере событий, так и на своём эмоциональном уровне. Не спорю, возможно, Луна на меня воздействует именно так посредством моих собственных мыслей о её влиянии. Но, в то же время, если у меня наступил этап активных, я бы сказала, даже, агрессивных, действий, то и на Луну мне смотреть не надо, так как я знаю, что именно сейчас она находится в какой-нибудь растущей фазе. Луна помогла мне лучше понять периодичность характера событий или моё к ним отношение. Теперь я не задумываюсь, почему какое-то дело не продвигается в определённый промежуток времени или не хватает азарта в его развитии, а осознанно использую этот период на не менее полезную деятельность: переосмысление, анализ, внесение поправок. Разумное использование периода убывающей Луны помогает более продуктивному продвижению дела. Этот период, я бы сказала, - период творческого отдыха, подготовка к новым активным действиям. Понимая этот период, мы используем его более рационально, совершенствуем свои дела с должным к ним вниманием, не применяя борьбы, продвигая их во что бы то ни стало.

Здорово!

В финской газете наткнулась как-то на историю, где мужчина, выигравший миллион евро, возбуждённо рассказывает в своём интервью: "В день выигрыша я в шутку сказал соседям, чтобы вечером приходили праздновать наш выигрыш в лотерее!" Человек на определённом эмоциональном уровне, действительно способен одной фразой или мыслью притянуть в свою реальность что-то грандиозное.   Именно со словом "Здорово!" я ассоциирую ощущение того самого эмоционального настроя.

Не бойтесь мечтать о большем. Прочувствуйте энергию радости и наполните ею свою мечту.

Здорово, я живу в Европе!

Здорово, у меня есть Lamborghini!

Вместо того, чтобы думать "а что, если не получится", "хочу свой отель, но не знаю где взять денег", - придумывайте самые небывалые пути достижения цели, играйте с вашим воображением, придумывая всё новые и новые возможности.

Здорово, мне мэрия бесплатно выделила землю под строительство магазина! Здорово, я получил работу своей мечты! Здорово, стиральная машинка заработала! Здорово, я дружу с начальством! Здорово, мне подарили отель в Чехии!

По своему характеру громкие слова уже имеют сильные вибрации, так как они наполнены эмоциями изначально. Использование их помогает наполнить наше намерение недостающим эмоциональным вниманием или впечатлением, поэтому использование громких слов будет только на пользу.

Здорово, у вас всё обязательно получится!

Мудры

В интернете легко найти интересующие вас мудры, которые помогут вам, к примеру, поправить здоровье, улучшить иммунитет, исполнить желания, выгодно вложить деньги, привлечь достаток, покупателей, успех, рассчитаться с долгами, придать уверенности, улучшить память, преодолеть страхи, укрепить сердечную мускулатуру и так далее. Мудры создают определённые энергетические конфигурации, задавая импульс движению и открывая путь. В нашем случае, давайте рассмотрим Мудру Кубера, которая предназначена для исполнения желания, придаёт уверенности в достижении цели или исполнения желания. Мудра Кубера посвящена Богу богатства. Вы получите спокойствие, невозмутимость и уверенность. Мудра приводит также к успокоению ума и лечению физических недугов.

Выполнять 3 раза в день по 15 минут, на обеих руках, не соединяя их:

Соедините кончики большого, указательного и среднего пальцев, мизинец и безымянный палец загните к середине ладони. При вдохе сильно втягивайте воздух, как будто хотите ощутить аромат цветка.

Абсолютно чётко сформулируйте своё намерение, спросив сначала своё сердце, будет ли это всем во благо. Затем, прикладывая друг к другу 3 пальца, и, слегка нажимая, 3 раза громко произносите своё желание. Почувствуйте поток возникшей энергии.

Ребёнку понравилась Мудра "Голова Дракона" (по-домашнему называем "Дракончиком"). Если состояние простудное, сразу складываем Дракошу из пальчиков. Мудра выполняется следующим образом:

Средним пальцем обхватываем и прижимаем фалангу указательного пальца. Делаем это на обеих руках. Далее соединяем руки: большие пальцы на обеих руках соединяем между собой именно боковыми поверхностями. Все остальные пальцы перекрещиваются друг с другом.

Во время практики важно быть расслабленным, свободным, спина должна оставаться прямой, а ноги не перекрещенными. Хорошей поддержкой действию мудр послужат соответствующие аффирмации и визуализации. Пользоваться мудрами можно везде и всегда. Время сеанса зависит от вас самих, оно должно соответствовать времени вашего внутреннего погружения. Эффект напрямую зависит именно от качества внутренней тишины, а не от времени. Дыхание должно быть медленным и ритмичным. Если используется мудра для успокоения, то замедляйте выдох. Усиливайте вдох, когда практикуете мудры, способствующие придать бодрости, улучшить состояние, физическое или материальное.

Спорт, массажи

Спорт, как вы понимаете, должен быть неотъемлемой частью нашей жизни. Физические упражнения приводят человека к эйфории - состоянию блаженства. Массажи также поспособствуют выработке эндорфинов (гормонов счастья), улучшат обмен веществ, кровообращение. Как спорт, так и массаж, да, в общем-то, любое положительное переживание, поднимают уровень эндорфинов в крови. Именно недостаток этого гормона приводит к подавленному настроению. Вы замечали, что после занятий спорта не особенно хочется набивать себе желудок? Всё объясняется тем, что полученные эндорфины во время тренировок, подавляют жажду получения этих же частиц через еду.

Решив привести себя в худенькие формы, я для начала повесила на видное место фото спортсменки с красивой фигурой, чётко обозначив для себя цель: начать регулярно заниматься спортом. Уже через 3 недели мне позвонили и сообщили радостную новость: оказывается, я выиграла 30€ на членство в фитнесс-центре. Я тут же оказалась у них и подписала договор. Эндорфины, полученные после тренировок, оказались такими сладкими, что я бежала за ними вновь и вновь.

Массаж воздействует на психологическое состояние человека самым наилучшим образом. Ум и тело неразрывно связаны между собой, т.е. влияя на людей физически, массаж затрагивает и душевное состояние человека: излечиваются недуги, улучшается эмоциональное благополучие. Массажируемый начинает сосредотачивать своё внимание на "здесь и сейчас", а не на проблемах, тем самым, получая элементы, способствующие внутреннему равновесию. После сеанса массажа в организм выбрасываются окситоцин и эндорфины - так полезные в нашем случае гормоны счастья. Регулярный массаж выведет из депрессии, приведёт нервную систему в порядок, омолодит, придаст бодрости и улучшит иммунитет, сделает вас менее восприимчивым к депрессиям. Проблемам же в таком состоянии не останется больше места.

Загляните в ближайший фитнесс-центр, там вас обязательно, здоровые и телом и духом, тренеры встретят с улыбкой, подберут оптимальную для вас программу. Здоровье - наиважнейшее и главное вложение!

Устройте себе праздник, посетите массажный салон, - ваше настроение поднимется, вы почувствуете, что горы готовы свернуть после такой терапии счастья. И именно то, что вообразили в таком состоянии, и начнёт проявляться в вашей прекрасной реальности.

Вода и здоровое питание

Вода обладает уникальными и, своего рода, волшебными свойствами. Вода дарует жизнь, очищает, придаёт сил и лечит. Главное - просто любить её. Вода реагирует и изменяется мгновенно под влиянием мыслей. Японский исследователь Эмото Масару отмечает, что сильнее всего очищает воду сочетание двух слов: "Любовь" и "Благодарность". Молитва, произнесённая на воду, также имеет сильное воздействие на структурированное состояние этого источника жизни. Вода - необходимый элемент нашей жизнедеятельности, - ведь мы на 70-90% состоим из воды. Недостаток воды приводит, к примеру, к тому, что кровь сгущается, образуя тромбы, а мозг, почки не омываются. Обезвоживание организма приводит к усталости и апатии. Рекомендуется выпивать по стакану воды перед едой, точнее, за 30 минут до еды, - действует даже, как метод похудения.

Спешу упомянуть процесс изготовления Чудесной Воды от автора техники Хо'опонопоно, Доктора Ихалеакала Хью Лен (наставника Джо Витале). Доктор рассказывает в своём интервью о волшебных свойствах Синей Солнечной Воды, которая способствует очищению, заживлению, выздоровлению. Вы можете не только пить её, но и готовить на ней, стирать, очищать помещение, поливать цветы.

Вода наливается в бутылку или стакан синего цвета и ставится на солнце, на открытом воздухе, на 30-60 минут, чтобы вобрать в себя солнечную энергию. Ваш сосуд заряжается раз и навсегда. Выпив такой водички, когда вы чем-то расстроены, вы сразу почувствуете себя лучше.

Синяя вода сближает с ребёнком внутри себя, с Богом, с Источником. Чем больше вы её пьёте, тем чище вы становитесь. Добавьте несколько капель (или даже одной капли будет достаточно) в еду своего питомца или аквариум. Очистите и придайте с помощью воды энергии вашей обуви или драгоценностям. Обрызгайте ушиб или ранку.

В любом возрасте вы можете изменить своё повседневное питание, повернув тем самым вспять, большинство заболеваний. Переходите на здоровое питание постепенно, с любовью относясь к своему организму. Правильное питание поможет не только создать прекрасную фигуру, но и почувствовать себя энергичным и активным. Откажитесь от соли, картофеля, а также, всего, где содержатся дрожжи или мука белого цвета. Я вас уверяю, суп без картошки - тоже очень вкусно, даже детям нравится!

Удивите вкусным холодным супчиком своих друзей:

Нарежьте мелкой стружкой свежий огурец, добавьте 2 раздавленных зубчика чеснока, пучок петрушки и укропа, залейте всё 1 пачкой кефира. Перемешайте. Подавайте в красивых стаканах, с ложкой. По желанию, добавьте мелко нарезанную свежую капусту, тоже - очень вкусно! Добавленный лимон полностью заменит вкус соли.

Красный салат:

Консервированную красную фасоль залейте кефиром и добавьте раздавленный чеснок, нарезанные красный сладкий перец и помидоры. Кефир с чесноком, между прочим, полностью заменяет вкус майонеза, он даже намного вкуснее, не говоря уже о его полезности.

Наивкуснейший рис:

Отварите рис, немного остудите. Натрите 2 свежие морковки, раздавите 2 зубчика чеснока и всё хорошенько перемешайте. Блюдо готово! В такую оригинальную кашу можно добавить, к примеру, тунца. Пальчики оближешь, правда!

Божественные овощи:

Нарежьте крупно болгарский перец, томаты, баклажаны, кабачки, грибы, лук. Добавьте сок лимона, оливковое масло и несколько раздавленных зубчиков чеснока. Всё перемешайте руками, выложите на противень и в духовку на полчаса.

Вам понравится питаться правильно, к тому же, это совсем несложно. Вы довольно быстро ощутите лёгкость. Здоровое питание скажется не только на вашей внешности, здоровье, но и на вашем душевном состоянии. Придумывайте свои новые рецепты, заведите свой блог-дневник и делитесь своими успехами, зарабатывая ещё и на рекламе.

Смех

Смех имеет огромное влияние на организм. Смех - это лучшее и бесценное лекарство! Смех позволяет легким полностью очиститься от накопившейся слизи. Смех можно использовать в борьбе со стрессами, депрессией. Согласно одному американскому исследованию, у испытуемых понижались давление и уровень холестерина в крови, когда они смотрели юмористические телевизионные программы. Смех порождает здоровые физические изменения в организме, укрепляет иммунную систему, повышает энергию, уменьшает боль и защищает от последствий стресса.

Смех заразителен, его звуки более заразны, чем кашель или чихание. Когда смех является общим, он связывает людей, увеличивая их ощущения счастья и сближая их. Смех и юмор помогут оставаться вам эмоционально здоровыми, в смехе вы найдёте нужные силы. Смех заразителен - ваш мозг с удовольствием присоединится к вашему веселью, тем самым, послав нужные сигналы клеткам вашего организма. По подсчетам ученых, всего 5 минут смеха заменяют 40 минут полноценного отдыха.

Смех - естественная часть вашей жизни. Младенцы начинают улыбаться в течение первых недель своей жизни и громко смеются после нескольких месяцев. Человек может научиться смеяться на любом этапе своей жизни. В смехотерапии, к примеру, не обязательно переживать смешное событие. То же касается и улыбки. Существуют клубы смеха, пользующиеся большой популярностью, где люди собираются просто так, чтобы вместе посмеяться и без повода. В таких группах смех, в конечном итоге, заканчивается заразительным весельем.

Если человек будет жизнерадостным, будет смотреть на вещи с оптимизмом, мир вокруг него изменится. Вносите юмор в разговоры, присоединяйтесь смело к компаниям, где слышится смех.

Организму абсолютно всё равно, искренне вы смеётесь или вызываете в себе смех искусственно. Каждый день, минут по 15, смеёмся от души, гогочем во весь голос! Вызванные смехом гормоны радости, сделают не только вас, но и окружающих, счастливее. Не удивляйтесь, если ваш внутренний гогот "про себя" на работе вдруг материализуется в виде громкого коллективного смеха, - именно так отражается ваше внутреннее состояние на слоях вашего окружения. Идите по жизни, смеясь!

МАТЕРИАЛИЗИРУЕМ ВМЕСТЕ

Научившись наслаждаться жизнью здесь и сейчас, вы начнёте ловко материализовывать свои желания. Цените свои умения и навыки даже на небольших успешных результатах. Мы не сразу после рождения начинаем ходить. Мы не сразу начинаем ходить умело. Учась, приобретая опыт, мы утверждаемся через новые знания, свои ошибки и достижения. Самосовершенствуйтесь, не существует предела вашим достижениям. Не отступайте, не сдавайтесь, не отказывайтесь от своей мечты. Не бросайте начатое дело. Идите до конца.

Воспринимайте практику материализации, как некую увлекательную игру, игру, которая отвлечёт вас от повседневной жизни. Сама жизнь может быть увлечением, но жить её нам, поэтому пусть она будет для нас ценным даром творить в ней наши чудеса, - относитесь к ней со всей ответственностью и уважением.

Чудесные перемены уже наступают, ведь не зря вас нашла эта книга, а вы её. Механизм гармоничного взаимодействия со Вселенной запущен, благотворящий магнетизм книги возрос через ваши воспоминания счастливых моментов, ваши позитивные эмоции, ваш смех, ваше внимание и благодарность к своей жизни и тому, что имеете. Так что теперь, вы смело можете отправляться приобретать то, о чём мечтали.

НОВАЯ МАШИНА

Как вы думаете, вы достойны водить машину своей мечты?

Я не случайно беру машину как первый пример в материализации. Машину хотят все, она не совсем обыденная вещь в нашей жизни, а с помощью притяжения машины своей мечты можно пройти собственную школу принципов закона притяжения и приобрести бесценный опыт.

Ещё будучи подростком, не имея водительских прав, я представляла, как мчусь по трассе, слушая музыку, и наслаждаюсь чувствами лёгкости и свободы. Тогда я просто мечтала получить права, но так сложилось, что получив корочку водителя, я практически сразу села за руль: через полгода бирюзовый микра ниссан стоял, заботливо моими родителями бантиком обёрнутый, улыбался в подарок мне на день рождения.

Машины с тех пор менялись, как вы понимаете, при помощи силы мысли. Когда с мужем решили поменять очередную машину на новую, случайно (или не случайно) по пути решили заехать полюбоваться да пощупать новенький внедорожник, чтоб на будущее иметь его ввиду, в визуальном плане. Серебристого цвета новенький автомобиль красовался посреди зала. Цена впечатлила, но машина впечатлила ещё больше. Понимая, что "от любви никуда не деться", несмотря на мысли о грядущих суммах оплаты кредита, уже через два дня мы оформили на неё заказ. Два месяца мы ждали наше чудо из Японии, а покатавшись на ней где-то с месяц, любимый вдруг заявил: "ты давно смотрела на карту желаний?" Я уже и забыла, что когда-то я смастерила себе и мужу карту желаний по системе фен-шуй. Свою я так и не нашла, а вот волшебная карта моего любимого лежала уже, моим заботливым мужем припрятанная, в бардачке новенького внедорожника. Увидев нашу новую машину серебристого цвета на карте желаний, я чуть не захлебнулась от эмоций.

К нашим детям стоит относиться, как к нашим учителям, именно они могут напомнить нам естественную непосредственность в получении желаемого. И чем раньше это произойдёт, тем лучше. Они не осознавая, но достаточно умело отправляют свои заказы во Вселенную и, переключаясь на увлечения, игры, общение с друзьями, не привязываются к цели, а отпускают желаемое. Захотев новую игрушку, они представляют, что имеют её уже, мысленно воображают нового (возможно, где-то увиденного уже) зайчика, как обнимают его, укладываясь спать. Или представляют новый велосипед.. в мечтах они уже крутят на нём педали. Становиться ребёнком в своих намерениях – всё равно, что позволить себе иметь желаемое. Вспомните себя маленьким или взгляните на желаемое глазами своего дитя. Думаете ли вы теперь, откуда возьмутся деньги на приобретение? Если вы всё сделали правильно, в вас проснулись те ощущения с детства, позвольте себе материализовать взрослую игрушку. Напоминаю, Вселенной всё равно, трёхколёсный велосипед вы захотели или Lamborghini.

Начнём с перепрограммирования своих представлений. Представьте себя ребёнком, которому дали интересное задание заказать машину во Вселенную. Позвольте машине вашей мечты стать мягкой и пушистой игрушкой, ощутите радость через те чувства, с которыми бы вы обнимали того зайчика. Машина для Вселенной - тот самый зайчик, ни больше, ни меньше. Ощутите полную внутреннюю свободу в своём намерении, вне зависимости от цены своей мечты. Будьте смелыми и позволяйте себе желать большего. Деньги - энергия, она всегда протекает свободно именно к цели, когда цель определена. Оформляйте заказ, и он придёт к вам в сроки. У кого-то это может занять год или года, а у кого-то всё может произойти мгновенно. Всё будет зависеть от градуса гармоничности, я бы сказала.

Давайте разберём подробнее, как работают сроки в материализации. Вы уже поняли, что именно искреннее желание, от которого исходит тепло и любовь, материализовывается. Чем больше мы наполняем желаемое любовью (к примеру, держим картинку перед глазами и говорим "люблю, люблю, люблю" с чувством и благодарностью), тем гармоничнее наш общий мир с желаемым. Войдя в унисон с желаемым, "спевшись" с ним, мы делаем материализацию доступной, создав вибрациями любви и собственными чувствами гармонию для его проявления. Измерить вибрационный баланс мы можем только своими чувствами. В симороне мне нравится понятие "мурчит" - всё то, что вы желаете, откликается вам в душе нежно и ласково как кошечка. Кришнаит, который вёл ознакомительный урок со своей религией, когда я ещё училась, рассказал и научил чувствовать ответы душой. Я запомнила на всю жизнь, что душа там, где сердце, только с правой стороны. Если ответ "да" на мои вопросы, в том числе и "моё – не моё?", то я чувствую тепло в душе. Проникнуться к желаемому – важная часть в материализации и сроках. Чем больше любви, тем сильнее связь, энергия между вами и желаемым, тем быстрее сроки выполнения ваших заказов. И понятно, что любовью наполнять желаемое можно хоть сколько, вреда от любви не бывает.

Теперь, когда мы позволили и доверились, подробно определим марку машины, состояние и цвет. Возьмём, к примеру, новый автомобиль марки Lamborghini жёлтого цвета. Дополняем к желанию "с пользой для всех" и настраиваемся на то, чтобы притянуть безупречно работающую машину. В интернете находим картинку нужной нам машины и распечатываем, прикрепляем на нашу карту желаний, либо вкладываем её в эту книгу. Мне нравится больше, чтобы картинка всегда под рукой была, когда в руках можно подержать, пробежаться ещё раз взглядом и представить желаемое, как уже воплотившееся в жизнь, более наглядно. Далее, если есть возможность, бежим в автосалон, берём тест драйв и покупаем... брелок для ключей от Lamborghini! Если же такого автосалона нет, а заказать брелок или ту же кепку нет возможности, достаточно будет распечатанных картинок с машиной, брелоком и всего того, что может вас связать с данной машиной. Но тут опять же, всё зависит от вашего восприятия: кому-то будет достаточно вписать намерение "У меня есть (или спасибо за) новую солнечную Lamborghini" и повторять его; некоторым в материализации поможет наглядная цветная картинка или какой-нибудь атрибут.

Теперь самая главная часть, сразу, прежде чем мы начали представлять желаемое, окунёмся в созидающую визуализацию. Что бы вы делали, будь эта машина уже ваша? Выйдя на улицу, вы бы, наверняка, первым делом, бросили взгляд на свою новенькую жёлтую Lamborghini (с щемящей радостью: наконец-то она - ваша!), щёлкнули бы ключами и полюбовались её литыми формами, наверняка, протёрли бы пальцем, нет ли пыли. Как назовёте свою новую подругу, может быть, Алиса? "Ох, как красива ты, Алиса, ты теперь - мой талисман!", - подумали б вы. С Алисой, я уверена, вы подружитесь, а на дорогах вам будет сопутствовать удача и полная безопасность в такой-то, полной любви, машине. Далее, думаю, сели в машину, руки на руль положили, с довольным, счастливым лицом понажимали кнопочки, закричали радостно и стукнули ладошкой по рулю с криком "YES!" Не бойтесь, я вас не слышу, да даже если и слышу, какая вам уже разница! Вы какую музыку любите? Включайте быстрей, да громче!

Написав, прочитав, вообразив, мы уже материализуем. Всё это уже имеет своё проявление, что подумалось, уже существует здесь и сейчас. Ощутите ветер в открытом окне своей новой восхитительной машины, музыку, запахи, тот кайф, который испытываете от своей новой победы в материализации!

Отбрасываем важность, ведь это - игра, это - увлекательно! Всем сомнениям и негативным мыслям говорим: "пошли вон, я вас уже думала". Поселите там, с правой стороны, возле сердца, чувство уверенности, что желание сбывается, оно уже проявляется, Вселенная будет рада такому доверию. Ощутите любовь и счастье, повторяйте себе, что вы - Магнит, вы всегда и с легкостью материализуете мечты.

Ваш брелок от Lamborghini по праву может занять своё место для всех ваших ключей, а, можете, положить его на видное место, чтобы обязательно каждый день брать его в руки как привычный и необходимый предмет. Заглядывайте на стоянку, ведь там уже стоит машина вашей мечты. Ведите себя так, как будто она уже у вас есть!

Я уже ощущаю присутствие в своей жизни машины моей мечты, так мне запавшей в душу, особенно, когда мчусь по трассе.

ДОМ МЕЧТЫ

Привлечение того, что вы действительно хотите, начинается с ясного понимания своих целей. Напомню, что негатив не уместен в применении закона притяжения. Если негативное мышление преобладает, то мы имеем низкий уровень сознания и энергии. Дом Мечты - серьёзное желание, большое вложение, требующее от нашего сознания не лёгкой работы, чтобы начать верить, что иметь роскошный дом - вполне дозволено. Поэтому оптимизм и вера - неотъемлемые составляющие процесса материализации желаемого.

Итак, вы уже нашли картинку дома своей мечты? Теперь попросим его согласно принципам закона притяжения. Сначала мы должны определиться, что именно мы хотим. Определение расположения вашего дома является важной частью в процессе. Этот дом находится в городе, где вы живёте сейчас и рядом с работой? Или же он является вашим вторым домом где-нибудь на берегу моря или озера, на побережье или среди гор? Как ваш дом выглядит снаружи? Сколько в нём комнат, как они выглядят? Далее представьте себя, живущим в этом доме, как вы просыпаетесь в нём по утрам. Сладко потягиваясь, видите прелестные горы и берег озера из окна. Все ответы на эти вопросы, которые вы найдёте у себя в голове, и есть творческая визуализация, создающая благоприятные вибрации для Вселенной.

Чем больше вы сосредотачиваете своё внимание на деталях, тем сильнее вы притягиваете желаемое. Представляйте, из чего складывается ваша повседневная жизнь в доме вашей мечты. Будьте благодарны за то, что имеете в своём воображении. Слушайте запахи, звуки, наблюдайте за своими эмоциями в этом доме. Просите дом своей мечты каждый день. Благодарите. Визуализируйте его как можно чаще. Воображение является предварительным просмотром того, что приходит в вашу жизнь.

Подойдите творчески к вашей визуализации. Со своей второй половиной возьмите в привычку каждый вечер обсуждать детали вашего дома, но именно в настоящем. Начните с описания двора, как дом выглядит снаружи. Какие у вас соседи. Представьте, что вы приветствуете их, к примеру, на итальянском языке. Зайдите в дом вместе, представляя, что возбуждённо обсуждаете события дня. Вас встречают ваши любимые дети, радостно делясь своими успехами в школе. Прогуляйтесь по своему дому, выйдите на террасу, вдохните свежесть окружающей вас природы. Хорошенько запечатлейте всё в памяти, чтобы в дальнейшем картинка появлялась перед глазами уже сама по себе, а новые детали легче в ней визуализировались. Увлекаясь беседами о своём доме, создающие благоприятную среду для проявления мечты в вашей реальности, вы будете влиять на события со скоростью света! Возьмите на себя ответственность за исполнение вашей мечты, выделив время на каждодневную визуализацию.

Сопутствующие аффирмации:

- мой разум полностью сфокусирован на владении дома моей мечты;

- я верю в свою возможность притянуть дом своей мечты;

- я вижу себя в доме своей мечты.

Осуществив переезд в столицу Финляндии, живя на съёмной квартире, мы целый год, чуть ли не каждый день, ездили на осмотр продаваемого жилья. Никак не попадалось нам жильё, которое бы полностью удовлетворяло нас. Помню, всего лишь раз, проезжая как-то мимо замечательного нового и красочного района, построенного в датском стиле, я сказала себе: "Вот было бы здорово жить в таком районе!" Подуставшие от, в рутину уже превратившихся, просмотров, мы стали развлекать себя, заезжая в красивые места. И вот этот, так когда-то понравившийся мне район, а у дома - реклама продаваемого в нём жилья. Квартира, как финны называют, находилась в доме в ряд, со своим входом, своей террасой и небольшим двориком. И всё в ней мне и мужу понравилось, кроме цены. Снова стали ездить смотреть квартиры по объявлениям, сосредоточив только лишь все свои силы именно на этом районе. Но ничего не могло сравниться со случайно увиденной ранее квартирой в доме в ряд. Не надеясь особо, мы поехали посмотреть, устраивают ли в ней ещё осмотр или же она уже продана. И ведь надо же было такому случиться, - именно в то время в ней вновь проводился ознакомление по просьбе других покупателей. Своих конкурентов мы не застали, а вот агент по недвижимости нас расстроил: "Буквально перед вами другая семья оставила своё предложение, скорее всего, они выиграют, но можете попытать счастье". Предложенные продавцу цены, естественно, не разглашаются, поэтому пришлось подключить интуицию и поставить в своём предложении ту цену, которая бы нам помогла заполучить это жильё. Два вечера я посылала любовь продавцу, агенту, квартире, банку, соседям. Через два дня звонок от агента: "Вы выиграли, так как предложили на 500€ больше, чем ваши конкуренты".

Когда знакомые купили роскошный дом с бассейном во дворе, я поинтересовалась, как они притянули его. Оказывается, они давно присмотрели район, где бы они хотели жить и частенько выезжали погулять по нему. Когда увидели, что самый красивый дом выставлен на продажу, они сразу побежали в банк, сомневаясь, правда, что им позволят взять такой большой кредит. На удивление, банк дал добро, а знакомая изъявила желание купить у них уже прежнее их жильё. И всё это произошло всего за одну неделю.

Хотелось, чтобы мои замечательные родители жили по соседству с нами. Каждый день, выходя из дома, я представляла в доме через дорогу, что они там уже живут. Картинка всё чётче и чётче вырисовывалась у меня в голове. Всего через полгода мои родители переехали из города за 600 км от нас в этот дом. Понятно, что теперь, выбрав следующую страну проживания, я отчётливо представляю себе наше жильё там и само место в своих визуализациях.

ЗДОРОВЬЕ

Много споров, к примеру, о пользе и вреде нынешних передач о здоровье. Сначала говорят, что исключение каких-то продуктов питания из рациона обязательно, а через пару недель в той же передаче мы вдруг слышим, что организм не может обходиться без полезных веществ, содержащихся в этих же продуктах. Я же слушаю только свой внутренний голос. Конечно, часто он задаётся вопросом о пользе той или иной еды, но только я могу гарантировать его положительное воздействие, я - творец собственной правды. Нет смысла фокусировать своё внимание на негативном результате, вызывая, таким образом, вибрации негативного воздействия. Имея убеждения на подсознательном уровне, что соль приносит сильный вред организму, мы, тем самым, создаём вибрации негативного воздействия на своё здоровье. Поверив в то, что соль молодит наш организм, мы именно это и получим. Я, опять же, призываю вас к здоровому питанию, но, по сути, сделав свой выбор, никогда не жалейте и не вините себя, а примените установку: "всё на пользу". Многим убеждение, к примеру, о вреде солярия, сложно изменить, и, таким образом, повлиять на негативные вибрации такого убеждения, но "солярий выводит шлаки из моего организма" установка вполне может дать ход полезному очищению. Много интересного можно узнать в передачах о здоровье и правильном питании, споры же на тему, что полезно, а что нет, не совсем, по-моему, уместны: правда - у каждого своя. Не беритесь всё же злоупотреблять вредными привычками. Не достаточно осознанно повторять, что соль полезна, - ваше убеждение должно идти из подсознания. Думайте больше о том, что действительно приносит пользу вашему здоровью. Когда вы ответственно подходите к тому, что происходит в вашей жизни, вам уже не захочется "пичкать" себя вредными веществами.

Не побоюсь раскрыть тему рака, причин его возникновения и способов вылечиться.

Любую болезнь можно "накрутить" своей излишней мнительностью, но также вызвать своим эмоциональным состоянием. В любом случае, всегда и везде безграничная сила Любви действует в разы сильнее любой негативной мысли. С помощью энергии Любви, Молитвы мы способны благотворно влиять на любые ситуации, в какой бы мере запущенности они не находились на данный момент.

У победы над раком есть все шансы, это заболевание можно расценивать как чёткое указание, что своё мировоззрение требуется изменить. И тем и велики шансы выздоровления, что больной приложит до отчаяния все усилия, желая выздороветь и заново пересмотреть жизненные ценности. Проснувшаяся любовь к жизни – волшебный ключ, который откроет двери к выздоровлению. Рак - это старые обиды, гнев, боль, враждебность, переживания "в себе", которые поедают человека изнутри своей деструктивной энергией. За такое испытание стоит поблагодарить, принять это, как знак и за выпавший шанс измениться. Не зря в современном мире появилась поговорка: "возлюби болезнь свою". Даже если вам назначили химиотерапию, не сомневайтесь и идите на лечение. Представляйте только, что само облучение - это как космический луч излечения, который во время терапии агрессивно истребляет раковые клетки, заполняет вас энергией божественного света и способствующими выздоровлению элементами. Настройте себя, что после лечения ваш организм полностью восстановится.

Очиститься и поспособствовать выздоровлению помогут техника Хо'опонопоно, рейки, любовь, молитвы, радостные эмоции, прощение и освобождение.

Просите и вам будет дано. Посылайте рейки или любовь на свою квартиру, на кровать, где спите, на всё, что едите или пьёте, на встречу с врачом, кабинет врача, дорогу к врачу, на анализы, на всех и всё, что вас окружает. Посылайте любовь на болезнь и на все клеточки своего организма, на все частицы. Повторяйте себе, что ваша жизнь - интересная и, что вы любите и цените её. Благодарите свой мир, за то, что он с вами.

Традиционная китайская медицина гласит, что организм человека действует на основе энергетических каналов, так называемых меридианов. Все процессы в организме контролируются энергией, проходящей по этим меридианам. Когда человек испытывает болезнь или любой тип недомогания, энергетический поток в его теле нарушается. Для установления гармонии, снятия энергетической блокады эти блоки, понятно, должны быть сняты.

Стресс и отрицательные эмоции препятствуют нормальному потоку энергии по всему телу. Если энергетические каналы в нашем теле заблокированы, то визуализация перехода в здоровое состояние становится вдвойне сложной, так как наш разум не может сфокусироваться на проявлении желаемого результата. Освободить каналы от блоков, на самом деле, легко, ключевую роль здесь, опять же, играет визуализация, способная направить подсознание на создание образов, необходимых для очищения энергоинформационной оболочки.

Одним из самых распространенных способов восстановления жизненных сил является визуализация золотого шара, который выполняет функцию очищения каналов от негативной энергии, скопившейся по разным причинам в энергетическом теле человека.

Окружите себя или болезнь воображаемым золотым шаром, энергия которого выработает нужные клетки для выздоровления, поможет исцелению. Внимание, врачей никто не отменял, но, сопутствующие в выздоровлении действия, окажут своё благотворное влияние.

Технику ”Золотой Шар” можно применять при любых обстоятельствах. Сформируйте вокруг себя золотой шар и приступайте к процессу целительства. Наполните шар золотым светом. Сохраняйте картинку и начните исцеление с помощью дыхательной техники прана. Вы можете выразить намерение себя исцелить.

Мне же достаточно вообразить золотой шар в области горла, в случае, если оно болит. Или же вообразить кого-то из близких в золотом шаре, если нужна такая помощь. Данная техника не требует каких-то длительных приготовлений, специальных умений, она проста в использовании. Длительность такого сеанса вам подскажет интуиция.

Прана-дыхание также вызовет ощущения любви и исцеления в Божественном Свете. Вообразите золотой свет, входящий через макушку головы, на вдохе. Позвольте энергии пройти сквозь всё ваше тело. После нескольких секунд выдохните и выпустите свет через ваше сердце. Замедляйте дыхание постепенно. Длительность практики вы сможете определить для себя сами. Прана-дыхание поможет также успокоиться и сосредоточиться, а также соединит ваше Высшее Я с Источником и вашими проводниками.

Другая, не менее эффективная техника, когда человек в расслабленном состоянии мысленно входит во внутрь источника болезни или в то место, где находится напряжение или очаг боли. Осмотревшись, вы заметите не только состояние этой части тела, но и почувствуете энергетический дисбаланс, определённые эмоции, связанные с болью. Признайте боль и спросите себя, что могло вызвать болезнь, и что поможет освободить вас от боли.

Окрылённая новыми событиями в своей жизни, успешном продвижении своего дела, увлекшаяся полностью использованием силы мысли, я вдруг ощутила резкую и ноющую боль в зубе. "Что происходит, - думала я, - ведь мой, как внутренний, так и внешний мир, уже давно не содержат ничего негативного?" Врач порекомендовал пройти лечение корня зуба. Не на шутку расстроившись (боюсь я такого вида лечения), я решительно занялась своими мыслями. Корень зуба, как я думала, является, скорее всего, проявлением чего-то, что связано с моими корнями или родственниками. Мне необходимо было заземление! Окунувшись в детали своей жизни здесь и сейчас, я с благодарностью и любовью просмотрела свои отношения с близкими, пожелав им мысленно любви и процветания. Мысленно вошла в корень зуба, наполнив его энергией радости и любви, попросила у него прощения, поблагодарила за данный мне знак, призналась ему в любви (техника Хо'опонопоно). Два дня боль продолжалась, но я продолжала твердить слова "мне жаль, прости меня, спасибо тебе, я люблю тебя". На третий день я таки решилась на лечение, но что-то мне подсказывало, что лечения не будет... Так и случилось. Врач после рентгена заявил: "У тебя всё в порядке, лечение не требуется", а на следующий день зубная боль прошла.

Хочется отметить здесь историю из передачи "Битва экстрасенсов", где американец Вит Мано даёт поистине правильное напутствие, а с ним и предсказание девушке, страдающей анорексией. Я верю, что существуют экстрасенсорные способности, и каждый при желании может их в себе развить. В моём понимании эти люди имеют в себе способности, привитые или развитые при помощи силы мысли, где используются соответствующие методы и техники, удобные и верные для каждого из них. Кто верит, что получает информацию из тонкого мира, в действительности, материализует для своей работы призраков и общается с ними, получая поистине достоверную информацию, в своей реальности. Кто верит, что может лечить людей с помощью любви, видеть предшествующие или будущие события в состоянии изменённого сознания, будет именно так и работать, опять же, в своей собственной реальности. Многие люди с такими способностями, действительно, могут быть настоящими профессионалами, магами в своём деле. Поведение же экстрасенсов, к сожалению, не всегда этично. Ведь сами они говорят, что предсказать будущее невозможно, так как его в любой момент можно изменить, - всё зависит лишь от образа нашего мышления. Отсюда вывод – экстрасенс, обладая даром видеть прошлое, просто обязан, уже раз удивив человека своими способностями, направить его мысли на улучшенное преображение ситуаций, дав нужные рекомендации: простить, благодарить, любить. Не существует в будущем порчи, зависти, болезней, несчастий, пока человек сам в них не поверит или не создаст своим же мышлением. Находясь же под влиянием опытного экстрасенса, люди начинают верить в предсказания, вызывающие страх, тем самым воплощая их в реальность. На мой взгляд, это является неправильным ходом со стороны людей, обладающих экстрасенсорными способностями. Вит Мано же помог девушке выявить причину возникновения болезни, которая, как оказалось, с детства страдала комплексом неполноценности из-за давления сложившихся обстоятельств. Она хотела стать мальчиком, чем заблокировала в себе энергетический канал, обесточив органы. Мано ощутил причину возникновения болезни, помог снять блоки и предсказал, что она поправится. Ещё во время сеанса девушка попросила есть.

"Что со мной происходит, - несколько лет назад спросила я у подруги, - как может на пустом месте возникнуть конфликтная ситуация, разболеться ухо, подняться температура, когда я уже активно практикую силу мысли?" На что она мне ответила прямо и честно: "Ты - не благодарна ". Советую вам иметь таких друзей, которые могут признать ваши ошибки, сказать вам о них, чтобы вы смогли понять, как выбраться из лабиринта. Подруга повлияла одной лишь фразой на множество сфер в моей жизни. Когда я с больным ухом шла к врачу, я надеялась, что попаду к какому-то магу, потому что банальное "у вас воспаление" я не хотела слушать, мне нужен был специалист, практикующий силу мысли. Когда иранский врач, осмотрев меня, сказал "у тебя аллергия, ты чего-то не хочешь слышать", я готова его была расцеловать! Ещё он добавил замечательную фразу: "Все болезни от аллергии, все лекарства в аптеке - от аллергии". Я ликовала, когда возвращалась домой. Я, наверно, была в какой-то параллельной реальности у врача, так как для Финляндии - это исключительный случай, где врач может вслух указать на мышление пациента. Ну и причина болезни была найдена: я, действительно, была неблагодарна к тем, кого не хотела слушать. У меня была аллергия на сложившиеся обстоятельства. И всё из-за моей неблагодарности. Это был бесценный урок, поэтому вскоре отношения с теми людьми, с которыми случился болезненный конфликт, вышли на новый уровень, полный взаимопонимания, любви и гармонии.

Когда вы пообщаетесь с собственным телом, со своим внутренним миром, найдёте причину возникновения болезни, вы войдёте в некую гармонию со своим организмом, вам станет легче визуализировать его здоровым. Ваше тело лишь сообщает вам, что оно пытается делать всё возможное, чтобы приспособиться и найти баланс, помогите же в этом ему. Помните про очищение от негативных мыслей, обид. Человек, находящийся в гармонии с окружающим миром, будет полон энергии и сил, а его организм насыщен жизненной энергией.

Мы очень дружны с нашими соседями. Вообще, приятно осознавать, что не смотря на то, что мы живём в другой стране, где своя культура, мы всё же чувствуем себя очень комфортно с людьми другой национальности и культуры, которые нас окружают. Это говорит о многом: раз мы восхищаемся нашими соседями, с которыми довольно близкие дружеские отношения, находим общий язык, можем быть с ними самими собой - русскими, то, значит, и мы сами являемся замечательными. Наши соседи – наше отражение.

Какое-то время один из соседей долгое время не попадался на глаза, когда же я случайно его встретила, то испытала шок от увиденного: осунувшийся, впавшие жёлтые глаза, еле ходит. Он меня успокоил, сказал, что уже идёт на поправку. Вскоре картина повторилась. А на третий раз я задумалась. В моей жизни что-то не так. Зная, что все болезни от стресса, я пересмотрела книги Луизы Хей, Валерия Синельникова, других авторов, и узнала, что болезнь печени может быть спровоцирована потерей энергии, когда человек отчаянно идёт к цели, забывая про всё на свете, тем самым изнуряя себя в такой борьбе. Накопившаяся горечь разочарований на пути к цели приводит к дисгармонии работы печени. Вместо того, чтобы приспособиться к ситуации, человек начинает испытывать гнев и ярость, но в то же время пытается подавить эмоции, разрушая, таким образом, себя изнутри. Я поняла, что мой сосед столкнулся именно с такого рода проблемой. Не думаю, что присутствовали столь негативные эмоции, но я видела, как безудержно он занят своим бизнесом, как пытается создать максимально комфортные условия для своей семьи. В то же время я поняла, что так как этот знак мне, то и у меня, соответственно, нарушен, в какой-то мере, поток энергии. Я тоже шла к цели стать финансово независимой семимильными шагами, во мне не было разочарований или злости, но я взлетела со своими делами, а жизнь здесь и сейчас, моя семья, остались без моего внимания, я тратила всю энергию на достижение своей цели. Я имею в виду искреннее внимание, то, которое является "присутствующим", а не мимолётным. Заземление, - вот что необходимо, когда мы "уходим с головой" в дела. Всегда помните о жизни здесь и сейчас, будьте искренне благодарны за то, что имеете: за счастье в семье, за птичку, чирикающую у вас под окном, за здоровье близких. Проводите больше времени со своими родными, друзьями, гуляйте и общайтесь с природой, не забывайте о настоящем.

Когда я вспомнила об этом замечательном правиле, мне сразу стало легче. Применив мысленно Хо'опонопоно для себя и для соседа, я отправилась к ним в гости. Не думайте, что лечение других с помощью энергии любви, рейки забирает энергию у того, кто лечит или как-то негативно может повлиять на его жизнь. Не обязательно верить в положительные результаты во время сеансов рейки, но желание больного принимать рейки - обязательное условие. Я понимала, что раз сосед мне попадается на глаза в таком состоянии, значит, я могу повлиять на ситуацию. Ведь это - мой мир, что-то в нём не так. А вылечив его, я выровняю и структуру своей энергии. Да, как ни странно, эгоизм и альтруизм в законе притяжения сливаются в одно, но в моих побуждениях помочь соседу была искренняя, энергией любви наполненная потребность помочь нашим друзьям. Я просто отдавала себе отчёт, что сделав добро другим, я сделаю добро себе.

В течение нескольких месяцев, когда раз в неделю, когда через день, я ходила к этой прекрасной семье, проводила сеансы рейки, работая над организмом соседа и его эмоциями. Я благодарила их после каждого такого посещения за то, что получала опыт и силу. После каждого сеанса я как будто заново открывала себя, мои силы увеличивались, а я всё больше начинала чувствовать невидимую помощь с другой стороны, а от соседей мне передавалась мощная энергия Благодарности. Поверьте, и мне было, за что их благодарить. Хо'опонопоно также входило в лечение, как обязательный элемент.

Не передать счастье на лице жены соседа, когда она радостно рассказывала об очередном походе к врачу. Сидя в фойе больницы, она без остановки твердила про себя: "спасибо, спасибо, люблю, люблю". И тут - первые хорошие новости! Во-первых, наконец-то их принял толковый врач, который доходчиво объяснил, что происходит, успокоил, что волноваться не о чем. Во-вторых, анализы, наконец-то, улучшились, а печень стала восстанавливаться. Это была первая победа! А ведь на пути к выздоровлению вставал вопрос даже о пересадке печени.

Жена соседа чётко обозначила дату полнейшего выздоровления - Рождество, волшебное время. И именно после Рождества сосед уже снова занялся бизнесом. Я же духовно обогатилась, очистилась, выровняв свой мир. Спасибо моим замечательным соседям.

Мы все имеем способность лечить людей. Не надо этого бояться, надо радоваться, когда мы помогаем людям. Чем больше мы работаем над улучшением нашего мира, тем лучше и чище становится наша реальность и мы сами.

Повторяю, все техники, представленные здесь, ни в коем случае не должны использоваться как полное самостоятельное лечение, а только как дополнительная помощь к лечению, назначенное врачом.

Извечный вопрос: как похудеть? Всё гораздо проще, чем нам кажется. Мы набираем лишние килограммы, когда испытываем жалость к себе. Согласитесь, когда мы полагаем, что нам не хватает времени, мы испытываем стресс, своего рода жалость к тому, что с нами происходит. А как следствие, мы нервничаем, создавая дисгармонию в своём теле. Когда же мы практикуем принципы закона притяжения, когда умело уже входим в состояние эмоционального равновесия с окружающим нас миром, то мы влияем непосредственно на собственное здоровье, в нашем случае - на правильный обмен веществ в нашем организме. Мысля позитивно, не имея в себе страхов, раздражительности, мы создаём баланс в своём теле и ...начинаем худеть.

Ожирение - своего рода защита, когда от человека требуют слишком многого. И это может проявляться ещё с детства. Всё же выявление болезни и причины её возникновения - первый шаг на пути к выздоровлению. Болезнь является аномальным течением жизни, и когда человек меняет своё мировоззрение, то и болезни отступают. Повторяйте себе постоянно: ”Меня любят и уважают”. Свежий воздух, занятия спортом обогатят вас не только физически, но и на эмоциональном уровне, вы станете более устойчивы к стрессам. В дополнение, воспользовавшись силой мысли, можно также придать своим мышцам красивые формы. Вы можете лежать на диване, слушать музыку и при этом, к примеру, визуализировать упражнения для пресса. Эффект будет тот же, что и в тренажёрном зале, если вы регулярно будете заниматься таким способом.

Здоровое питание будет бодрить вас, а уважительное отношение к своему телу и организму отразится на вашем самочувствии, несомненно. Возьмите за правило каждое утро, натощак, выпивать эликсир молодости и здоровья: чайную ложку мёда добавить в стакан тёплой воды, по желанию добавьте лимон и корень имбиря с ноготок.

Если вы съедаете по моркови в день, вы тем самым стимулируете рост здоровых клеток, усиливаете иммунитет, снижаете уровень холестерина в крови. В моркови содержится вещество, относящееся к семейству эндорфинов, а эндорфины, как известно, возбуждающе действуют на центр удовольствия в мозгу.

Выпивайте каждый день по 2 литра воды. Стоит только восполнить запасы воды в организме, как вы сразу почувствуете себя лучше. Вода поспособствует также выздоровлению, ведь её свойства могут стать волшебными. К примеру, опять же, "заговорив" воду со словами "люблю, люблю, люблю", мы улучшим качество воды, наполним её энергией любви, придав ей благоприятно воздействующее на организм свойство. Как вы помните, употребляя воду, которая несет в себе определенную информацию, к примеру, слова благодарности, человек может существенно менять свое состояние. Структура воды меняется в зависимости от её "впечатлений", а вместе с тем, наполненная позитивными мыслями, лечит тело и душу. Наполняйте энергией любви воду, когда стоите под душем, когда готовите, моете посуду, поливаете цветы.

Собственный сознательный выбор позволит нам добиться желаемого результата.

ВЗАИМООТНОШЕНИЯ

Мы будем говорить не об отношениях, а взаимоотношениях с окружающим нас миром. Ведь как важно понимать гармоничное взаимодействие составляющих в среде, где мы сами и обитаем.

Не существует плохих или хороших людей, мы либо сами создаём их образ в своём мышлении, либо притягиваем их в своей реальности. У каждого - свои личностное, окололичностное и дальнее пространства, у каждого - свой опыт, свои убеждения. Поэтому споры между людьми - бессмысленны. У каждого правда - своя, и в его мире происходит именно то, во что он сам верит. Дети растут, у них появляется своё окружение, они выходят из окололичностного пространства своих родителей, многие из которых начинают недоумевать, почему нарушается взаимопонимание. На самом деле, именно принятие такого естественного перехода детей во взрослую жизнь может вывести к признанию своих детей как самостоятельных личностей, что послужит развитию гармонии в общении и обоюдному доверию.

Главное в отношениях - взаимопонимание и уважение. Имея внутренний баланс, мы притягиваем к себе нужных людей, с которыми мы чувствуем себя комфортно. И если мы вечно уставшие, то и видеть мы будем вокруг себя скучных, уставших людей. Если мы склонны жаловаться, то и вечно жалующиеся люди нас будут окружать. Если мы увлекаемся спортом, то в нашем окружении появятся друзья-спортсмены, близкие нам по духу. Если мы увлекаемся росписью стен, то в нашем окружении станет всё больше творческих людей. Понимая эти принципы закона Вселенной, и соблюдая простые правила, мы сможем жить среди улыбок успешных и добрых людей.

Если то, что окружает нас, создали мы сами, то мы и только мы можем это изменить. Если нас обидели, то правильно ли будет винить другого, если перед нами наше отражение? Если мы несём ответственность за всё, что с нами происходит, правильно ли будет винить наше окружение? Понятно, что и себя нам, в этом случае, винить нет смысла. С помощью конструктивной, а не разрушающей энергии положительных мыслей, мы можем изменить свой мир в лучшую сторону. К маленькой пенсии добавится неожиданный постоянный доход, именно вам будут попадаться толковые учителя ваших детей, именно с вами будут дружелюбно общаться продавцы в магазине, именно вы не будете стоять в очереди, именно вам уступят место.

Улыбайтесь людям, улыбайтесь даже тогда, когда вас никто не видит. Улыбайтесь, чтобы решился важный вопрос быстрее, улыбайтесь, звоня по телефону, даже когда ещё идут гудки. А в разговоре, так же, как и в вашем письме, вашу улыбку "услышат" и отреагируют соответствующе.

Общение с людьми должно доставлять вам удовольствие. Задумайтесь, если всё ещё в вашем окружении присутствуют люди, жалующиеся вам на жизнь, может, что-то стоит изменить в себе или отказаться от такого общения? Если на работе или среди ваших друзей есть такие, которые любят перекладывать ответственность за свои проблемы на вас, жалуясь вам постоянно, начните с малого: скажите, что у вас появились какие-то дела, уйдите от назойливого, ничего положительного не несущего разговора. Уделяя внимание проблемам, пусть даже не вашим собственным, вы притягиваете эти проблемы в свою жизнь. И дело здесь не в отказе от сострадания, так присущего доброму человеку, а в содействии "стирания" негативного как в вашей жизни, так и в жизни того, кто жалуется. Через какое-то время вы обнаружите, что люди, окружающие вас, радуются и даже отмечают: "как здорово, что с вами легко и комфортно, не надо обсуждать никакие проблемы", потому что вы притянете к себе таких людей, а мировоззрение жалующихся ранее, изменится. Если же человек не даёт вам ничего взамен, кроме негативных эмоций, то смело отказывайтесь от общения.

В определённый момент меня вдруг стали одолевать неприятные и странные ощущения. Я в них честно признавалась самой себе, но от этого мне легче не становилось. Всё дело в том, что имея чёткое понимание, что каждый сам несёт ответственность за свою жизнь, у меня появилось предубеждение к людям, как мне казалось, неблагодарным к тому, что имеют и создающим всякого рода неприятности самим себе. И снова подруга помогла мне расширить моё сознание:

то, что эти люди имеют своё физическое проявление, уже является их некоей миссией и их благодарностью к своему земному воплощению. Имея различные зависимости или создающие беспорядок в нашем мирном существовании, эти люди выполняют свои функции, делая кого-то сильнее, указывая путь, неся отражение наших мыслей, порой страхов, разочарований, предубеждений. Поэтому встречу с такими людьми стоит воспринимать с благодарностью. Ведь, по сути, они тоже создают некое равновесие в нашем мышлении. Если мы "выпадаем" из гармоничного существования, происходит дисбаланс энергий, а люди, вызывающие в нас вдруг негодование своим поведением или образом жизни, дают возможность пересмотреть нашу собственную жизнь или то, что с ней происходит на данном этапе. Своим появлением или, если даже это близкие нам люди, своими действиями и поступками, они способствуют корректировке нашей собственной жизни, а через нас - и их собственной. И за это стоит им быть благодарными. Не осуждайте их. Помогите мыслями, которые - материальны.

С моим любимым мужем у нас негласный договор: если уж и случаются неприятные ситуации на работе, то высказаться можно, а вот обсуждать детали, перемалывая всем косточки, запрещается. Зачем уделять внимание тому, чего развития мы не хотим. Признать проблему можно, но только лишь для того, чтобы понять, что послужило проявлению этой ситуации в нашей жизни. "Теперь я менее раздражителен на работе, - соглашается моя вторая половинка, - и как-то спокойней становится". Когда у шефа случаются критические дни, а эмоции начинают переполнять от непонимания сложившейся ситуации, я посылаю начальству мужа любовь, успех в бизнесе, мысленно обнимаю. Представляю, как шеф сидит, весь ошарашенный, в любви, и не понимает, чего это вдруг на него светлые чувства нахлынули. Естественно, все конфликтные ситуации, таким образом, разруливаются сами по себе.

Критика – мощный инструмент. Порой именно недооценка наших возможностей толкает нас на новые свершения, поэтому человек, который смело вам в лицо может высказать свою критику, - ценный друг. В продвижении ваших же целей вами начинает двигать азарт доказать прежде самому себе, что ваша идея стоящая. Вспомогательным элементом здесь станет состояние "заземления", когда вы, анализируя критику, как бы спускаетесь на землю, чтобы ещё раз хорошенько обдумать своё решение или действие. Критика – это хлеб в наших делах, но никогда не позволяйте ей останавливать вас от движения вперёд. Опять же, мы сами выбираем, в каком ключе мы ею воспользуемся.

Будьте тем, кто дарит состояние счастья. Пусть с вами рядом будет приятно находиться. Отвечайте на простые вопросы положительно: на работе дела - отлично, дома – гармония, сил всегда и на всё хватает. Вы начнёте в это сами верить, а с этим придут и сами благоприятные изменения, в вашем окружении появятся интересные люди, а вашей семье будет гарантировано благополучие.

Если вы занимаете руководящую должность, относ. Относитесь к своим специалистам с должным вниманием, уважением и доверием. Отмечая для себя профессионализм всех участников, имея уверенность в успешном завершении дела, вы добьётесь нужных результатов. Детальный план работы будет вам надёжной опорой. По завершению проекта обязательно поблагодарите всех за отличное сотрудничество.

С помощью силы мысли можно контролировать отношение окружающих к вам, даже манипулировать мнением других, ведь выбор - за нами. Мы становимся тем, что думаем о себе. С нами поступают так, как мы себе это представляем или позволяем. Мы видим то, что ожидаем увидеть.

ЛЮБОВЬ И СЕМЬЯ

Наполнив и окружив себя волшебными силами Любви и Благодарности, вы будете поражены удивительными переменами. Ваш личностный магнетизм притянет к вам влюблённые, отзывчивые сердца. Вселенная любит удивлять: желания обычно сбываются самым неожиданным и чудесным образом.

Если хотите, чтобы ваша вторая половина была похожа на известного актёра, смело распечатывайте фотографию и вкладывайте в эту книгу. Каждый вечер смотрите на вашего избранника или избранницу, уделяйте внимание вашей совместной жизни, визуализируя совместные завтраки, прогулки, какие-то дела, какие-то свои, семейные традиции. Подготовьтесь к встрече со своей судьбой. Выберите место, где вы будете ждать свою вторую половинку, пусть это будет в лесу, в кафе, в библиотеке, в банке, в театре, на остановке, в вашем офисе. Верьте, что встреча обязательно произойдёт. Длительное ожидание может вызвать дискомфорт, разочарование, но помните, что находясь в гармонии с самим собой, не испытывая больше стрессов и негативных эмоций, вы ускорите проявление желаемого. Верьте, но делайте это без привязанности к цели. Отпускайте ситуацию и не давайте сомнениям разочаровывать вас.

Допустим, вы выбрали для встречи со своей второй половинкой свой любимый фитнесс центр. Я думаю, уже это простимулирует вас к регулярным занятиям в тренажёрном зале, поэтому визуализация будет вдвойне и приятной и полезной. Теперь вы будете тренироваться, выполняя простые задания по привлечению своей судьбы в свою жизнь. Представляйте встречу, ваше влечение друг к другу, мечтайте о совместной жизни. Добавьте к своим картинкам любви, нежности, страсти. Выработайте в себе состояние предвкушения, как встречи, так и совместной жизни. Представляйте, как каждое ваше движение в тренажёрном зале приближает ваше знакомство, настраивает на волну влюблённости и счастья, любви и привязанности, верности и благополучия, доверия и взаимопонимания. Представляйте вашу красивую свадьбу, ваше уютное гнёздышко. Каждый раз думайте, что встреча уже произошла. Наблюдайте за влюблёнными парами и радуйтесь за них, смотрите романтические комедии, фильмы про любовь.

Тщательно формулируйте своё намерение, благодарите Вселенную каждый день за встречу со своим идеальным партнёром. Сосредотачивайте своё внимание на конкретном образе вашей второй половинки. Ощутите уверенность, что вы в нужное время, в нужном месте встретите её или его. Следуйте своим инстинктам, прислушивайтесь к своей интуиции. Если вас неожиданно позвали на какое-то мероприятие, прислушайтесь к внутреннему голосу: если он говорит, что нужно пойти, значит, в этом есть какое-то значение для вас.

Определив свои желания, вы притянете их проявление:

- спасибо за встречу с любимым;

- спасибо за счастливую семью.

Если же вы желаете кому-то из своих родных встретить свою вторую половинку или наладить отношения в семье, вы также можете воздействовать, посылая ему или ей любовь или даже визуализируя счастье обретённую пару.

Я была свидетелем интересного развития событий. Одна моя хорошая знакомая поделилась своими переживаниями по поводу своих отношений с любимым человеком, точнее, с неопределённостью их будущего. Амбициозные, молодые и красивые люди, добившиеся уже не малых высот в карьере, а, главное, любящие друг друга, не могли найти компромисс в вопросах создания семьи, совместного проживания и будущих детей: она живёт и работает в Финляндии, а он – в Эстонии. У обоих – большие возможности в своей стране проживания, и никто из них не был готов отказаться от своего места. Моя знакомая принимала и понимала саму ситуацию. Позитивное мышление, вера, что всё само наладится, привели её к случайной встрече в купе поезда со специалистом по нейролингвистическому программированию. Обстановка располагала к беседе о принципах работы Вселенной и психологии в общем. Советом специалиста было записать свои желания, на основании которых бы был составлен план материализации желаемого. И уже менее чем через год у них в Финляндии образовалась дружная семья. Главе семейства была предложена хорошая работа, а счастливая жена забеременела.

Расскажу вам занимательную историю из жизни нашего кота. Он у нас - красавец, породы "шотландский вислоухий". Мужчины, кстати, "мотайте на ус". К очередному отпуску мы заранее тщательно подготовились: нашему котёночку (уже подростку) нашли замечательную хозяйку на время нашего отъезда, но перед тем, как его там оставить, поехали все вместе знакомиться с гостеприимной хозяйкой. Нас встретили вместе с неописуемой красоты Кошкой. Нам был продемонстрирован пронзительный взгляд и гордый нрав. Наш Гаврюша, полный Любопытства, сразу пообщаться да подружиться, но не тут-то было. Дама, фыркнув, заметая следы, пошла громко возмущаться под диван. Наш Гаврюша не сдавался долго: то там попытается подлезть, то там ..поговорить, но подруга оказалась агрессивно непреклонна и продолжала нервничать. Причем, хочу заметить, о каких-то шалостях у этих молодых не было и мыслей тогда. Мы вернулись с отпуска, предыдущая посетительница и сердцеедка давно вернулась со своего отпуска в свой дом. Нам всем оставалось только вздохнуть, а так хотелось для своего котика, когда подрастёт, именно такую невесту. Прошло время, стали искать приличную жену для нашего Гаврюши. Перебрали все варианты, никак не получалось найти для него единственную и неповторимую. Наконец, завязалась переписка с одной приятной русской девушкой, у которой была подходящая кошечка. Долго присматривались, оба ли кот и кошка достаточно интеллигентны. Но когда уже и день, и место встречи назначили, оказалось, что это была та самая Капитолина, полгода назад так запавшая в сердце нам и Гаврюше. Загадка, не правда ли, то ли мы притянули её, то ли наш кот, но факт налицо: сработал закон притяжения. В одном исследовании, между прочим, отмечается, что коты и кошки способны выходить на уровень альфа, так, может, они - самые сильные практики в материализации желаемого? Одним только взглядом, бывает, могут притянуть лакомый кусочек.

Избавляйтесь от мыслей, что все мужчины - одинаковые или все изменяют. То внимание, которое вы даёте этим установкам, и усиливает их негативное проявление. Любите своих близких такими, какие они есть. Проявляйте заботу к ним, если хотите заботы с их стороны. Доверяйте, если хотите доверия к себе. Верьте, что именно ваш муж - идеальный. Поселите в себе знание, что ваш партнёр - внимательный и любящий.

Если же вас тяготят эти отношения, вы не получаете ничего взамен, у вас нет больше точек соприкосновения или общих целей, значит, сделайте шаг навстречу новым отношениям. Главное, настроить себя на волну любви, и она к вам придёт: либо нынешние отношения перейдут на новый, улучшенный уровень, либо вы встретите новую любовь. Но помните, если человек присутствует в нашем окружении, значит, для чего-то он нам дан. Присмотритесь, прежде всего, к себе.

Не имейте привычки обижаться, ссориться, накапливать негатив и выяснять отношения, если хотите сохранить душевную близость. Не в посуде и не в обещаниях дело! Всё зависит от наших же установок,

от того, ценим ли мы свои отношения. Если и случаются ссоры, сразу же подключайтесь на канал любви
со словами ”люблю, люблю, люблю”. Уже через минуту вам захочется обнять своих любимых, а причина
ссоры испарится, её будет уже не вспомнить, даже
если очень захотите. Помните рекламу молочной про-
дукции на телевидении: ”Простоквашино на столе -
любовь в семье!”? Самая потрясающая реклама, на
мой взгляд. Сразу вспоминается симорон, где можно
абсурдно переиграть всё ранее сказанное и написан-
ное, по своему усмотрению. Положите диск с мульт-
фильмом или книгу ”Простоквашино” на стол, от ссоры не останется и следа.

Семья - ваше царство, вы способны влиять на атмосферу в доме. Раздражительности не остаётся места,
когда вы счастливы, а именно благодарны за всё, что
имеете. Неуважительное обращение с ребёнком, даже если он нашкодил, не оправдывает себя. Доверие
на доверие. Любовь на любовь. По другому - никак.
Не ждите, что отругав ребёнка, вы благоприятно по-
влияете на развитие ситуации. Никогда на агрессию в
ответ не будет любви, а тем более, выполнения обе-
щаний. Если вы хотите взаимопонимания с ребёнком,
вам придётся сменить свою позицию. Конструктивная
беседа с ним, вера и позволение, что он вас слышит,
запоминает и делает выводы - вот ваш инструмент в
воспитании. Не бойтесь, ваш ребёнок не станет из-за
такого отношения балованным, наоборот, он станет,
прежде всего, личностью, которая ценит любовь и
уважение. А вы создадите гармоничные отношения,
полные доверия и взаимопонимания, которые важно
прививать ещё с детства. Если вы - несдержанный че-

ловек, прежде чем прикрикнуть на дитя, повторите мысленно слова "люблю, люблю, люблю", вам станет легче, вот увидите! Вы найдёте с ребёнком общий язык, а у него будет счастливое детство. Не замечали, что ребёнок заболевает, после того как отказываетесь его выслушать или кричите на него? Погасите в себе спешку, нетерпение, ведь вы - счастливы, а у вас - такой замечательный цветок жизни. Обратите внимание: когда вы спокойно ожидаете, верите и доверяете, что ребёнок сделает уроки, вы именно это и получите.

Все дети рождаются гениями. Вам важно укреплять вашу связь с ребёнком, также как и помогать ему. Специалисты по детскому развитию отмечают, что у более 80% детей доминирует правое полушарие мозга, которое отвечает за подсознательное и бессознательное. Левое полушарие — полушарие сознательного. Ведущее полушарие, как правило, определяется ближе к трём годам. Дети, у которых лучше развито правое полушарие, более склонны к особому способу мышления и творческим способностям. Им хочется всё исследовать, трогать, пробовать. Пока они ещё совсем маленькие, им нравится сбрасывать чашки, ложки со стола. И это не из-за вредности, им просто нравятся эмоции и реакция родителей. Дети, у которых левое полушарие является более развитым, склонны рассматривать различные факторы, прежде чем сделать выбор. Тем не менее, и тем и тем детям необходимо прилагать огромные усилия в областях, которые не близки по их развитию, если они не получают дополнительных занятий, активирующих второе полушарие. Если доминирует правое полушарие, могут возникнуть сложности в выполнении заданий в классе. Если доминирует левое - в рисовании или письме. Понятно, что важно развить оба полушария головного мозга. Помогут в этом совместные с ребёнком творческие или логические занятия. Если у ребёнка доминирует правое полушарие, ему важно не что ему говорят, а как говорят, ведь он воспринимает окружающий мир эмоциями. Поэтому ваша раздражительность здесь будет не обоснована. А чувство ответственности у детей развивается только годам к десяти. Понимая природу мозговой активности у ребёнка, вам будет легче признавать то или иное поведение. Позвольте ребёнку насладиться детством, ведь время так быстро летит. Дети - наши учителя.

Вы мечтаете родить, а вам внушили, что вы не можете иметь детей? Вам трудно поверить, что вы сможете перехитрить слова врачей? Перепишите прошлое на листе бумаги, наполнив его любовью. Напишите, что вам предсказали в 1995 году родить ребёнка 7-ого июля этого или следующего года. Пишите, что в заключении врачей вы - полностью здоровы и родите двух здоровых мальчиков. Даже если врачи разводят руками и говорят, что вы можете или не можете иметь детей, чуда так и не происходит, - не сомневайтесь ни на миг, что вы станете счастливыми родителями. Верьте себе, своим силам, верьте, что можете влиять на свою судьбу. Визуализируйте, как вместе с родными вы просматриваете видео вашего семейного праздника, визуализируйте совместные прогулки и игры с ребёнком. Пошлите любви на саму ситуацию, на причины возникновения ситуации, даже, если вы не знаете, что привело вас к этой проблеме. Обратитесь за помощью к святым, приобретите икону и просите о даровании детей. Мой животик счастливо округлился, когда моя любимая мама каждый раз, подходя к иконе, висевшей у нас над дверью, обращалась к ней со словами: "Боже, сделай так, чтобы экстремальные увлечения перестали интересовать мою дочь, пошли ей детей". Езжайте в те места - места силы, которые помогают подготовить организм, выровнять эмоциональный уровень и забеременеть. Представляйте каждый день, как ваш родившийся ребёнок смотрит на вас счастливыми глазами, ползает по ковру, лопочет и хохочет.

Если появление ребёнка откладывается по каким-то причинам, не отчаивайтесь. Бывает, что мешает внутренняя борьба, а бывает, что вам следует закончить какое-то дело, прежде чем долгожданный малыш появится в вашей жизни. Если вы не справляетесь с эмоциями, не можете понять, какую именно миссию вам следует сначала выполнить, обратитесь, опять же, к святым, чтобы подсказали, помогли разобраться в себе. Душевное состояние после посещения церкви становится таким, как будто заново родился: происходит душевное и эмоциональное очищение, ощущение безопасности и безграничной любви, с помощью которого человек настраивается на божественный свет.

Для гармоничных отношений важно иметь любовь к себе. Для встречи с любимым или любимой следует обязательно очиститься и освободиться от блоков обид и разочарований. Подготовьте место в своей жизни для другого человека, будьте всем сердцем готовы к переменам. Помогите себе словами "люблю, люблю, люблю", которые облегчат ваш путь.

Любая проблема, даже в прошлом, может быть разрешена с помощью любви. Просыпайтесь с улыбкой, радуйтесь новому дню, окрыляйте себя состоянием счастья, создавая нужные вибрации вокруг себя для привлечения своей половины и создания семьи.

РАБОТА

Работа вашей мечты, должность, достойная зарплата имеют право присутствовать в вашей жизни. Главное - определиться в постановке цели. Кем вы себя видите, как выглядит ваше рабочее место, какие люди вас окружают, во что вы одеты. Сразу обращаю ваше внимание на то, что аккуратно выглядеть – залог успеха. И это не только потому, что будущий работодатель оценит ваше умение одеваться и выглядеть опрятно, а ещё и потому, что в одежде, которая подчёркивает вашу индивидуальность (в рамках приличия, конечно же), вы и ощущать будете себя уже не простым работником.

Шаг за шагом человек развивает в себе уверенность. Каждый пройденный этап делает его увереннее, смелее, опытнее. Не спорю, что много таких, кто чуть ли не со школьной скамьи чувствует в себе силы добиваться высот и, имея здоровую наглость, очень скоро становиться успешным и ценным руководителем или бизнесменом. Зная принципы закона притяжения, устоявшееся понимание карьерного роста можно сократить в разы. Наполеон Хилл в своей книге "Думай и богатей" даёт отличные рекомендации, как правильно составить резюме – вашу визитку, ознакомившись с которой, работодатель пойдёт на все ваши условия. Это должна быть ваша презентация, ваша реклама, тщательно подготовленная. Можете составить сами, а можете нанять специалиста, который поможет вам грамотно подобрать нужную информацию. Создайте из своего имени бренд, подчёркивайте свои достоинства.

Именно чётко и последовательно составленное резюме, во-первых, даст вам уверенности в получении желаемой должности, а, во-вторых, просто примагнитит внимание вашего будущего руководителя, как к вашему резюме, так и к вам самому. Дополняйте свою презентацию интересными, любыми стоящими фактами. Описывая опыт работы, дополните свои данные описанием обязанностей, которые входили непосредственно в вашу работу. Вы произведёте благоприятное впечатление, если сможете предоставить рекомендации, письма, отзывы ваших бывших работодателей или клиентов. Если же у вас их нет, воспользуйтесь социальной сетью linkedin.com, которая связывает миллионы людей, специалистов разных областей, по всему миру. Найдите своих бывших коллег, вежливо попросите их дать вам рекомендации.

Ваше резюме обязательно должно содержать фотографию профессионального качества. Укажите желаемые должность и оплату. Приведите факты, аргументы, которые будут доказательством того, что вы действительно обладаете нужным уровнем профессионализма. Именно эту часть вы должны со всей ответственностью и тщательностью подготовить. Переписывайте, думайте, читайте, вновь переписывайте, дополняйте, пока не будете полностью удовлетворены текстом. Ваше резюме, его оформление, заголовок должны бросаться в глаза. С помощью грамотно составленного и тщательно оформленного резюме вы окажитесь в вами же тщательно спланированной ситуации и можете получить должность лучшую, чем ту, на которую претендуете.

Когда ваше резюме готово, устанавливайте контакт с работодателем. Ваша цель – получение приглашения на собеседование. Берём на себя ответственность за происходящее и записываем пока промежуточную цель:

- меня пригласили на собеседование.

Наполните своё резюме энергией любви. Можно наполнять его, мысленно создавая свет вокруг него или же посылая любовь со словами: "люблю, люблю, люблю". Прежде чем отправить, перечитайте несколько раз, предвкушая согласие работодателя встретиться с вами. Со словами "люблю, люблю, люблю" смело отправляйте своё резюме и ни о чём не волнуйтесь.

Как я уже упоминала, когда мы занимались поиском работы для мужа, а нам приходил отказ за отказом, я стала применять метод Сильва. В состоянии Альфа, на счёте 7 я мысленно открывала дверь под номер 7, далее входила в дверь под номером 6 и так до первой двери, открыв которую я оказывалась на цветочной поляне, наполненной солнечным светом, где все наши желания уже сбылись.

Перед собеседованием займитесь практикой метода Сильва. Выйдя на поляну, где вы имеете успешную карьеру, наполните всё вокруг себя светом и любовью. Образы и слова в расслабленном состоянии программируют мозг! Вы можете также мысленно проиграть ситуацию собеседования. В конце каждого такого сеанса активизируйтесь на обратном счёте: от одного до семи.

Следующая цель – успешно пройти собеседование и получить вакантную должность. Не лишь бы какую работу, а именно конкретно обозначенную должность или вид деятельности. Промежуточные цели:

- я произвожу благоприятное впечатление на работодателя;

- я излучаю свет, здоровый дух, уверенность;

- я говорю громко, отчётливо, мой рассказ интересен;

- работодатель внимательно меня слушает;

- на все вопросы отвечаю грамотно и интересно;

- у меня достаточно фактов и аргументов, которые интересны работодателю

Главная цель:

- я получил должность, о которой мечтал!

Мой день начинается с предыдущего вечера, когда перед сном я начинаю программировать своё будущее утро. Даже если осталось спать всего часа 4, то я намеренно визуализирую себя бодрой, хорошо отдохнувшей и прекрасно выглядящей. Если всё же мысль одолевает, что спать так мало осталось, то я применяю план Б, так же заранее отрепетировав всё мысленно: после утреннего душа я стану бодрой, весёлой, хорошо отдохнувшей и прекрасно выглядящей! Ваш день можно также заранее наполнить состоянием успеха и радости, мысленно испытав удовлетворение от уже состоявшихся встреч будущего дня.

В день собеседования посылайте любовь и себе, и будущему работодателю, и офису, и вашему пути, людям, встречающимся по дороге. Улыбайтесь всем, создайте благоприятную атмосферу.

Излучайте любовь и во время самого собеседования. Мысленно подарите яхту тому, кто вас интервьюирует или причешите его (мысленно, конечно же), если вдруг он переволновался перед собеседованием с таким специалистом как вы.

Важный момент. Помните, что вы не должны быть привязаны к цели. Спокойная уверенность – ваш надёжный партнёр в любом вашем деле. Вы должны быть решительны, но в то же время и уверены до полного внутреннего спокойствия. Если же ваша уверенность будет напыщенной, то тем самым вы создадите избыточный потенциал, который спровоцирует действие сил равновесия, а вы не добьётесь желаемых результатов. Вы должны быть счастливы здесь и сейчас, благодарны за то, что имеете в своей повседневной жизни, а не ориентироваться на то, что заживёте счастливо, так как проделав такую огромную работу, желаемые должность и заработная плата будут вам гарантированы.

После государственного экзамена по финскому языку мой муж волновался: сложно было, вопросы хитрые были, не успевал на аудио-тесте отвечать. Тогда я посоветовала ему не переживать по этому поводу, а взять в привычку следующую технику "отпускания" ситуации: "Если я не сдал экзамен, то ничего страшного, но лучше было бы, если бы сдал". Следовало также выбросить переживания из головы и просто верить, что всё идёт как надо, с пользой для всех. "Заменив переживания энергией любви, можно создать ситуацию, где проверяющий не обратит никакого внимания на твои ошибки", - резюмировала я, любящая жена. Результаты теста превзошли все ожидания.

Освободитесь от важности вашего намерения:

- если я не получу эту должность, то ничего страшного, но лучше было бы, если б я её получил.

В любом случае верьте, что то, что произойдёт, продвинет вас к вашей цели. И чем проще вы будете относиться к мечте, тем легче вам будет визуализировать и добиваться её проявления в вашей реальности. Всё гениальное - просто!

Переехав в столицу Финляндии, как-то всё никак не могла привыкнуть, что на работу надо ездить 20 км и стоять в пробках иногда 1,5 часа. А тут, как назло, на половине пути - новенький офис нашего концерна красуется, гордо возвышаясь прямо у магистрали. Стены все стеклянные, рамы золоченые (про рамы шутка, конечно), солнце в намытых, даже "вылизанных" окнах, искрится. Ездила я так, ездила и решила попробовать в этот офис перебраться, всё же пробок до того места нет никогда и ехать всего 10 минут от дома, да ещё и рядом с работой мужа. Сходила к начальнику, посоветовались. Он был очень удивлён, даже констатировал громко, что в том офисе, на магистрали, только "избранные" сидят! Меня это не задело, а поддело. Ну, думаю, воспользуюсь-ка я силой мысли! Каждый раз теперь, проезжая мимо, представляла, как я чеканю каблуками там по коридорам и смотрю из стеклянного современного здания, среди избранных, на проезжающие мимо маленькие машинки. Заметьте, я не задавалась вопросами по должности или зарплате. Я видела себя чётко в этом здании, я твёрдо верила (назло услышанной политике), что я буду там работать. Уже через полгода, ради любопытства просматривая объявления в нашем концерне, я вдруг наткнулась на интересную должность, которая по специфике моей тогда работы показалась близка мне по духу, точнее тому, чем бы я хотела в дальнейшем заниматься. Неожиданно пройдя отбор, я очутилась в том здании, именно в том крыле и на том этаже, где полгода назад "слышала" стук своих каблуков!

Я была довольна своей заработной платой, но, проработав год, набравшись опыта, я всё же почувствовала, что пора переходить на следующий уровень. На очередной плановой беседе те-а-тет со своим теперь уже новым (избранным!) начальством я отметила, что мой уровень знаний и опыта позволяет изменить "циферки" в моей месячной оплате. Пока начальство в ответ пронзительно на меня смотрело, я тоже продолжала смотреть в глаза, улыбаться и твердить про себя: "люблю, люблю, люблю". После некоторой паузы я услышала: "этой весной, в связи с общей нестабильной экономической обстановкой, не получится, но по осени уже можешь рассчитывать на повышение". По осени я снова принялась посылать любовь. Повышение состоялось без лишних хлопот.

В ответственном проекте сильно забарахлил один из главных серверов, а у нас - очень серьёзный заказчик. Мало того, тот, кто поставляет туда программное обеспечение, знает, что платформа не совсем адаптирована, хотя система и является критически важной. "Ничего не поделаешь", - думала я, включив сначала привычное восприятие мира. Четверг, уже конец рабочего дня, дела совсем плохи, назначили конференц-звонок на утро. Я в панике прошу специалистов перезагрузить сервер. Другой специалист звонит, кричит, что эти сервера нельзя было перезагружать, какого лешего я дала такие указания, теперь машина не загрузиться больше никогда! Знала, что если я не предприму свои силы, мне несдобровать. Весь вечер четверга усиленно обнималась мысленно с серверами, окутывала их любовью. Особо, могу признаться, не вызывала в себе как бы настоящую любовь к ним, но повторяла: "Люблю, люблю, люблю". На следующее утро продолжила работу с энергией любви, посылая её уже и кричащим и не кричащим специалистам, нашему заказчику. Адреналин всё же подкатывался к горлу перед собранием. Начали, обсудили работы программ в последние недели, и вдруг, о чудо, заказчик и наш специалист в один голос заявляют: "Странно, но за ночь что-то случилось, сервера никогда так последние два года хорошо не работали!"

Мне оставалось только, извините, тихо "торжествовать" в трубку. Конечно же, я мысленно поблагодарила всех участников и свои сервера за такое творческое сотрудничество!

Ранее я привожу пример своего рода квантового перехода, где преодолев негодование, я с помощью силы разрушительной энергии преобразовала её же в созидательную и получила должность, о которой мечтала. Я готовилась к собеседованию. Моё резюме было тщательно подготовлено, а все возможные вопросы на психологическом тесте и на собеседовании были пересмотрены в интернете заранее. Мною двигала всё та же мощная сила той преобразующейся энергии.

Кстати, о мощнейших энергиях, которые нас толкают вперёд и которые нам помогают. Я - женщина, а потому мне знакома эта сила по своим же инстинктам. Мужчины тоже её используют, но я полагаю, в другом, в своём каком-то ключе. Я говорю о силе Сексуальности. Не о вульгарности или пошлости, ни в коем случае, а именно о внутренней созидательной силе! Когда мы осознанно её применяем, мы можем творить чудеса, все двери могут быть для нас открыты: как в бизнесе, отношениях, любых делах или работе. Сексуальную энергию сублимируют в творчестве, можно использовать, когда нужно притянуть деньги. Когда мы бываем сексуально активными, мы генерируем много энергии жизненной силы. Я думаю, вы согласитесь, что также с помощью сексуальной энергии мы можем трансформировать всё отрицательное в положительное. Вы можете запрограммировать получение желаемой работы или любое другое желание. Можно намеренно настроиться на канал этой энергии с целью продвинуть какое-нибудь дело. Здесь, опять же, надо любить себя, чтобы излучать нужные флюиды (ни в коем случае не подразумевается банальный флирт).

В социологии существуют такие понятия, как я уже упоминала ранее, личностное, окололичностное и дальнее пространства, или окружения, ядром которых являемся мы сами. Представьте внутри всех выше перечисленных кругов себя, точнее, свою собственную силу, пусть, к примеру, это будет в виде света вашей энергии. То, что вы излучаете, и будет отражаться в вашем личностном пространстве, в которое входят близкие вам люди, предметы, которые окружают вас. То, что излучаете, проходя через ваше личностное окружение, будет отражаться в вашем окололичностном пространстве. В нём присутствуют ваши коллеги, соседи, друзья, места, которые посещаете, события, в нашем примере, ситуация с получением желаемой должности. Далее ваш внутренний свет будет отражаться в вашем дальнем пространстве, где происходящее не касается лично вас, но вы об этом знаете. Осознанно применяя свою внутреннюю силу, мы напрямую запускаем механизм, способствующий влиять на мир, окружающий нас, создавать в нём необходимые условия и события. Имея внутри себя мощную силу, мы заполним все уровни нашего пространства волшебным светом и создадим атмосферу позитивной активности.

Взаимодействуя в социуме, мы порой своими предрассудками, страхами, создаём не совсем благоприятную для нас среду. Вроде как мы - общительны, дружелюбны, но в своём личностном окружении, когда присутствует ощущение безопасности. Стоит же нам попасть в окололичностное пространство, как, к примеру, когда принимаем участие в собрании, где большая часть людей не взаимодействует напрямую с нами в повседневной работе, вдруг начинаем ощущать некий дискомфорт, стеснение. Но стоит нам понять психологию такого рода взаимодействия, мы сможем обозначить решение проблемы. Идя на собрание, мы ставим цель через намерение:

- я нахожусь в полной безопасности;

- мне комфортно с окружающими меня людьми.

Замечательный российский мультипликационный фильм "Ёжик в тумане" – прекрасный пример того, как отголоском набранного опыта, проявляющегося в нашем уме, мы сами создаём ситуации, пугающие нас, когда попадаем в непривычную для нас среду. Но если присмотреться, - то, что нас вдруг испугало, на самом деле, не представляет никакой для нас опасности. Приучив себя расслабляться и доверять течению жизни, когда туман накрыл и не знаешь за что взяться, мы получаем то, что искали:

- я расслаблен и доверяюсь течению жизни, пусть само всё разрешится.

"Пускай вода сама несёт меня...", - подумал Ёжик, когда упал в реку. Его тут же кто-то подхватил и через минуту он оказался на берегу, где его ждал взволнованный Медвежонок.

Извечная проблема на работе, когда катастрофически не хватает времени. Как-то раз один специалист поделился со мной своими наблюдениями: "Иногда не понимаю руководителей, которые хватают кучу бумаг, ноутбук и несутся, сломя голову, по коридорам, демонстрируя свою занятость и значимость". Представили картину? Не кажется ли и вам, что спешка - надумана? Мы демонстрируем нехватку времени, боимся перегруза. На самом деле, мы привыкаем балансировать с помощью такой защиты, давая людям понять, что мы - заняты, у нас нет времени. Закон притяжения вступает в силу и начинает притягивать к нам всё больший объём работ. Спешка создаёт стресс, а стресс - болезни. Важно признать проблему, а через неё найти снова для себя решение:

- у меня такой объём работы, что я успеваю всё сделать.

Говорите эту фразу на работе и дома, и вы заметите, что эти прекрасные изменения не заставят себя долго ждать. Конечно, ваш помощник - тщательное планирование рабочих дней. Вы можете просто составить список дел на каждый день, которые обязуетесь выполнять, выделив по часу-два на каждую задачу. А можно творчески подойти к планированию своего дня или целого процесса. В интернете можно скачать совершенно бесплатно и удобную в работе, ассоциативную карту, под названием FreeMind.

Обозначив какое-то дело в центре карты, добавьте к ней лучи, так называемые, составляющие, разбив основную цель на промежуточные. К примеру, вам необходимо продвинуть и продать свой товар. Дайте вашему товару какое-нибудь ласкательное имя, которое будете знать только вы. Поместите это название по центру ассоциативной карты. Теперь укажите промежуточные цели:

- изучить рынок;

- сформировать коммерческое предложение;

- подготовить продающий слоган;

- распланировать затраты

  и т.д.

Далее вносим промежуточные цели следующих уровней.

- Изучить рынок.

  - Собрать нужную информацию.

    - Кто может стать потребителем?

      - Как потребитель принимает решение о покупке?

      - От чего зависит поведение потребителей на рынке?

      - Когда и где будет охотнее покупаться ваш товар.

    - Сколько будет потребителей?

  - Узнать, по каким ценам продаётся.

Подходя ответственно к работе, вы будете и ощущать себя ценным работником. Мозг ваш, посылая такого рода электромагнитные импульсы в слои вашего окружения, создаст атмосферу признания, а с ним и успешное завершение дела.

Обозначив же для себя цель "успех", вы добавляете к нему ветки с названиями, которые напрямую ассоциируются с успехом: признание, стабильность, хорошие отношения, равноправие, приемлемый объём работ. Укажите также "достойная заработная плата", но обязательно укажите сумму, на которую рассчитываете, к примеру, 7000€ в месяц. Вам ничто не мешает указать и 20 000€ или 100 000€ в месяц и даже больше. Далее рисуете следующего уровня ветки. Так, к примеру, к "достойная заработная плата" можно прикрепить:

- достаток;

- мотивация.

Продолжайте, пока вы не будете полностью удовлетворены списком: достаток -> возможности -> покупка дома -> праздники -> друзья. Вы определитесь с вашими желаниями, а это поможет создать нужные намерения.

- У нас - прекрасные друзья и мы устраиваем замечательные праздники в нашем роскошном доме.

- Мы живём в достатке, и наши возможности - безграничны.

- Я успешен, и я зарабатываю 20 000€ в месяц, моя заработная плата постоянно повышается.

Повторюсь: просите и вам будет дано. Вам остаётся только определиться с вашими желаниями и довериться Вселенной. Да, необходимые действия нужно будет совершить, несомненно, чтобы добиться желаемых результатов, но, поверьте, когда вы действительно чего-то хотите, Вселенная направит вас в цепочку нужных событий, к встрече с нужными людьми и к действиям, которые вы будете с воодушевлением совершать.

Работа должна, в первую очередь, доставлять вам удовольствие. "Найдите себе работу по душе, и вам не придётся работать ни дня в своей жизни", — говорил Конфуций.

Расширяйте своё сознание, горизонты своих возможностей с помощью сил, которыми владеете с рождения. Ваши способности - щедрый дар.

СВОЁ ДЕЛО

Работая постоянно с подсознанием и развивая, таким образом, сотрудничество с самим собой, вы добьётесь того, что главные, а также промежуточные цели вдруг сами по себе начнут всплывать в вашем уме. Вы натренируете воображение, понимание своих безграничных возможностей, видение материализовавшихся желаний. Вы найдёте себя, ощутите уверенность в выборе своего дела.

Где есть призвание, есть признание, где признание - ваше призвание. Ищите своё призвание и будьте счастливыми и успешными! Загляните в своё детство, чем вы любили заниматься? Погостите в своём будущем, где все ваши желания уже материализовались, вы совершили множество путешествий, у вас есть абсолютно всё: дом, яхта, самолёт. Чем вы заняты в своём будущем?

Наши возможности - безграничны, а отсюда следует вывод: мы можем заниматься всем, чем захотим, мы можем иметь всё, что захотим. Квантовый Скачок или прорыв, как говорит легендарный Брайан Трейси, автор "Бизнес-мастерство: как сделать прорыв в бизнесе", совершается тогда, когда человек обнаруживает, что может научиться всему, чтобы добиться каких угодно целей.

Всего пару лет назад мне было чрезвычайно странно и любопытно, каким образом молодой бизнесмен серьёзно и успешно занимается деятельностью множества своих собственных компаний, да ещё и задействованных совершенно в разных сферах. Сейчас я понимаю тот азарт, а с ним и действия, воодушевляющие предпринимателя, которые, в буквальном смысле слова, открывают перед ним все двери, будоражат его ум, вызывая интерес к множеству различных сфер деятельности. И вам также необязательно ограничивать себя в одном направлении: вы можете быть лётчиком, учителем французского языка, актёром, писателем, тамадой и блоггером! Смелее изучайте нужную информацию, записывайтесь на курсы ландшафтного дизайнера, поступайте учиться на врача. Никогда не поздно начать заниматься тем, что вас поистине влечёт.

Как вы помните, Вселенная заботится о финансовой стороне человека, занимающегося любимым делом. Скажу почему. Когда вы творите с любовью, сила этой энергии излучается вами, вашим делом, преобразовывая ваше окружение в созидательную энергию. Взаимодействуя с миром через творчество и любовь, вы входите в гармонию с Источником, вы открываете ту параллельную реальность, те квантовые частицы, где все составляющие, будь это вы сами, предметы, ваша семья, клиенты, транспорт, погода и так далее, начинают функционировать полноценно. Царящая в округе гармония, таким образом, захватывает все сферы вашей жизни, в том числе и финансовую.

Я уже предлагала вам завести свой блог. Раскроем же немного его техническую сторону, продвижение и стратегию ведения. Чтобы "набить руку", советую начать с бесплатных ресурсов, предоставляющие свои услуги, таких как blogger или wordpress. Я начинала с blogger, но позже перешла на wordpress, что помогло мне впоследствии выстроить свой блог на платном ресурсе, но на основе wordpress. Я помню свои первые попытки написания блога. Не хватало, по всей видимости, тогда решимости всерьёз заниматься такой деятельностью. Когда же появилась конкретная жизненная цель и уверенность, что нужная информация сама придёт, я с отчаянием принялась изучать принципы работы блога. Загадайте, чтобы информация пришла бесплатно, и именно так и произойдёт. Но как бесплатные, так и платные семинары, в любом случае, на эту тему вам нисколько не помешают, наоборот, вы зарядитесь необходимой энергией, получите нужную мотивацию и детальный инструктаж. Понимая структуру этой деятельности, вам будет легче охватить весь ансамбль работы блоггера, понять необходимый план действий и запустить сам блог.

Реальный заработок возможен, когда имеется свой полноценный сайт. Заработок возможен также и на странице вашей группы в социальных сетях. Рекламодатели заинтересуются популярностью вашей группы, свяжутся с вами с просьбой поместить рекламную ссылку на вашей странице. Раскрутка же своей группы и привлечение сотни тысяч подписчиков потребует и от вас некоторых вложений. Обратитесь к администраторам популярных групп и договоритесь о размещении своей ссылки в их новостной ленте. Конечно же, контент вашей собственной группы должен уже быть на том уровне, который будет интересен новым подписчикам.

Решившись завести блог, отнеситесь к нему ответственно: хорошо работающие блоги и группы в социальных сетях выставляют в среднем по 50 постов в день.

Существует специальный автоматический постинг, который будет в назначенное время "постить". Регулярное добавление статей будет выгодно для быстрой индексации вашего сайта поисковыми системами.

Чтобы не утомить читателя, используйте максимум 100 символов в каждом посте. Всегда указывайте источник при публикации чужих статей или фотографий. Уважайте своего читателя, не засоряйте одной рекламой, публикуйте выгодную и интересную информацию.

Создавайте яркие картинки-мотиваторы, которые захочется лайкать и публиковать на стенах. Проводите опросы и конкурсы среди ваших читателей, подружитесь с родственными по тематике группами.

Составьте список необходимых регулярных действий на каждый день, к примеру: обновление статуса, написание статей, добавление картинок-мотиваторов, пригласить новых людей с помощью личных сообщений, публикация собственных ссылок на похожих по тематике сайтах, добавление фотографий, добавить опрос/конкурс, задать читателям провокационный вопрос и так далее. Имея цель, выполняя каждый день нужные действия, вы добьётесь популярности своих сайтов.

Вернёмся к самому написанию поста в вашем блоге. Вот несколько советов, выполняя которые, вы будете осуществлять оптимизацию текстов для поисковых машин:

- ключевая фраза обязательно должна содержаться в заголовке поста;

- ключевая фраза должна встречаться несколько раз внутри вашего текста.

Что касается внешней оптимизации, целью которой является вывод страниц на максимально возможные позиции в поисковиках и, соответственно, привлечение большего количества читателей и подписчиков, то здесь вам следует заняться увеличением ссылочной массы. Выберите два или три ресурса смежной тематики, станьте пользователем и активно комментируйте, оставляя ссылку на свой сайт, подписываясь ключевым словом вашего блога.

Вы можете вести свой блог, свой канал на youtube. Вы можете проводить свои семинары или написать книгу, - выбор за вами! Не бойтесь пробовать себя в разных сферах. Если вы никогда не писали, это не значит, что вы не сможете выпустить в мир свою первую книгу. Информация сама к вам придёт, как только вы почувствуете воодушевление. Стоит что-то начать делать в своей жизни ради своей мечты, как всё вокруг начнёт способствовать продвижению вашего дела, всё больше и больше вдохновляя вас на работу и творчество.

Пусть моя книга послужит вам наглядным примером и стимулом к написанию вашего собственного произведения. Создайте свой юмористический путеводитель по России или другим странам, где вы бывали. Напишите "секреты счастливой блондинки" или "здоровое питание шаг за шагом". Идей много, подберите ту, которая станет лично вашей, которая будет вам "мурчать". Помните, что ваша цель будет оставаться живой, если вы выделите на работу над ней час-два в день, по крайней мере, пока ваше дело не станет вашей основной деятельностью. Мысль порождает действие, а действие - результаты!

ДЕНЬГИ

Как ни странно, но именно в разделе денег я хотела бы поговорить о духовности, о благородстве нашей души. По сути, следуя простым правилам жизни, когда все негативные эмоции отступают, а мы веселы, доброжелательны и милосердны, мы обогащаемся духовно. В нас становится больше любви не только к окружающим, но и к самим себе. Умея видеть прекрасное здесь и сейчас, ценить это, мы начинаем гармонично взаимодействовать со всеми энергиями во Вселенной, и все сферы жизни начинают выходить на новый уровень. Сила денег также принадлежит к силе творения всего сущего. Наш духовный и материальный рост неразрывно связаны друг с другом. Деньги - это всего лишь составляющая часть нашей жизни, это - энергия, с помощью которой мы получаем проявление желаемых вещей. Когда наш ум не заблокирован предубеждениями по поводу денег, то мы позволяем этой энергии вливаться в нашу жизнь. Мы радуемся жизни, добры к людям и процветаем, а с нами начинает процветать и наше окружение. Согласитесь, лучше быть богатым и здоровым, чем бедным и больным?

Визуализируя себя имеющим столько денег, что можете позволить себе делать, иметь всё, что хотите, вы создаёте, тем самым, новые обстоятельства в вашей жизни. Вселенной всё равно, воображаете вы что-то реальное или нет, - она принимает ваши образы так, как будто они уже существуют.

Станьте магнитом для денег, поверьте в это всеми клеточками своего тела. Стеснение свободно мыслить о деньгах не приведёт вас к нужному результату, поэтому выработайте ощущения лёгкости и радости, когда думаете о них. Научившись управлять своими мыслями, вы приблизитесь к успеху. Эмоции и мысли - неразделимы. Внимание обладает памятью и возвращается к нам обратно, поэтому, когда вы в очередной раз расплачиваетесь на кассе, в банке по счетам, порадуйтесь, что у вас есть чем расплатиться, что вы с лёгкостью оплачиваете нужную сумму. Помните, что радостные мысли сильнее и эффективные, чем негативные. И своим позитивным вниманием к деньгам, вы привлечёте в свою жизнь богатство.

"Представляйте себя магнитом для денег", - вы, наверняка, это слышали много раз. Я же хочу дополнить одним лишь словом, которое снимет все блоки и откроет для вас путь притяжения денег в вашу жизнь. Представляйте себя магнитом для **энергии денег**! Придумайте для себя цвет этой энергии, который вам будет легко воспринимать и принимать. Я вижу эту энергию с золотистым оттенком, с мягким и тёплым светом. Окутывайте себя этой энергией, представляйте, как она входит в вашу жизнь, наполняя всё вокруг. Ощутите её внутри себя так, чтобы вам было комфортно и приятно. Соединитесь с ней с помощью своей энергией любви, почувствуйте, как вы сливаетесь в одно целое.

Меня спрашивали много раз, как представлять энергии, откуда эта энергия идёт, чтобы "правильно" её визуализировать. Не нужно создавать никаких сложностей и ограничений. Так, как вы это себе придумаете, и будет работать на вас! Пусть это будет столб света с космоса, с рук ангела или с кувшина, стоящего у вас на шкафу. А можно и не представлять источник, просто энергию.

Повторяйте себе постоянно, что вы богаты, с ощущениями благодарности и радости. Пройдёт совсем немного времени, и вы увидите проявление энергии денег в вашей жизни. Не тратьте больше ни одной минуты на свои волнения, переходите на новый, улучшенный уровень, прямо сейчас.

Никогда не отказывайтесь от помощи, даже если вам предложили десять евро. Не перекрывайте канал энергии денег. Примите помощь с благодарностью. Помогайте деньгами тому, кто нуждается, но, когда будете давать, делайте это с радостью, - вам обязательно всё вернётся.

Если вы потеряли деньги, знайте - это знак, что они придут к вам с какого-то другого источника. Вдыхайте энергию денег, дайте ей свободно течь в вашей жизни. Меняйте не только своё мышление, но и поведение, даже свою походку. Тренируйте в себе уверенность, что вы живёте в достатке.

Желайте также конкретную сумму денег. Повторение "спасибо за 2000€" привело одного из соседей к нам с новостью, что в нашем жилищном кооперативе каждому вернут по 2000€. Чудеса, да и только, но вы подумайте только, притянув себе нужную сумму денег, точно такую же получили и все наши соседи. Обогатилось и моё окружение.

Будьте смелы в своих желаниях. Просите Вселенную о миллионах. Просите о загаданной вами сумме для всех в своём окружении, не забывая про волшебные слова "с пользой для всех", и вы притянете нужные обстоятельства, которые создадут все условия для обогащения, как вас, так и ваших близких. Желайте новые приобретения и денежные суммы не только себе, но и своему окружению.

Мне часто говорят: "Кому-то дано влиять с помощью мысли на появление денег, кому-то нет". Но по сути, абсолютно все могут развить в себе способность не жить плохими ожиданиями. К примеру, вы практикуете уже силу мысли, настраиваетесь на поток денежной энергии, но вот опять приходит счёт на крупную сумму денег, и вас снова одолевает уныние. Отмечу, что вы можете поздравить себя с оптимальной практикой принципов силы мысли, когда то самое уныние перестанет проявляться, а вы будете спокойно оплачивать счёт, зная внутри себя, что у вас достаточно средств его оплатить либо будете верить, что такая же сумма, значит, придёт к вам вскоре "ниоткуда". Уныние усиливает нехватку денег, а радость - то самое внимание, которое любит энергия денег. Поэтому разумнее будет порадоваться счёту, так как это знак того, что вы способны его оплатить, ну а согласно вашему убеждению, новые поступления не заставят себя долго ждать.

Я живу в стране, где налоговый процент повышается с ростом доходов. Многих может остановить такая политика в желании выйти на более высокий финансовый уровень но, определив цель, мы запросто её достигнем:

- мои доходы таковы, что мне абсолютно всё равно, какой с них налог идёт государству.

Вадим Зеланд раскрывает тему "раскачивание маятника": негативное мышление усиливает проявление того, чего мы не желаем, а позитивное, соответственно, притягивает в нашу жизнь счастливые перемены при определённых мыслях, раскачивающих всё сильнее характер ситуации в ту или иную сторону. Если безумно не праздновать свою победу, то и разочарования поражения не будет. Силы равновесия будут сохранены, а сохранение вакуума благодарности и любви вокруг желаемого создаст надёжные условия для его проявления. Если мы измучены вновь и вновь приходящими счетами, то огорчаясь, мы раскачиваем маятник безденежья, а радуясь, привлекаем дополнительные источники. Каждый новый счёт теперь, прежде чем открыть его, возьмите в руки и порадуйтесь новому источнику дохода, наполните конверт, а с ним и мысленно ваш кошелёк, счёт в банке, любовью. Открывая конверт, визуализируйте, что вам прислали уведомление о каком-то денежном возврате. Возьмите в привычку каждый новый конверт открывать с мыслями: "здорово, деньги пришли!" Даже если там лежит счёт, вы будете чувствовать, что одновременно вы получаете нужную сумму на оплату этого счёта. Положительное внимание к деньгам, равномерное и благоприятное раскачивание маятника, приведёт к тому, что вы "зависните" в хорошем. Когда мы вернулись с двухнедельного отпуска, нас ждал сюрприз дома: 400 конвертов со счетами на разные суммы! Моя реакция на появление счетов уже давно натренирована: "вот это богатство!" - воскликнула я. Как оказалось, все счета были по ошибке посланы нам с одной организации. Можно было запросить компенсацию за такой сюрприз, но я просто твёрдо решила, что мне достаточно знака: нас посчитали за благополучную семью, которая в состоянии оплатить все эти счета.

Теперь, когда вы осознанно будете применять принципы закона притяжения, вы также осознанно будете наблюдать и замечать происходящие изменения, свои даже маленькие победы. Испытав на себе воздействие силы мысли, вы всё больше и больше будете уделять внимания своим мыслям и убеждениям, а с ними своим мечтам и намерениям, что, несомненно, приведёт вас к достижению цели.

Воспользуйтесь следующими установками:

- я радуюсь любым положительным проявлениям в своей жизни;

- я имею всё, что мне хочется, и благодарен за это;

- я гармонично взаимодействую с энергией денег.

Напишите письмо, полное признаний, адресованное энергии денег. Выложив на бумаге свои эмоции искренне, вы освободитесь от мешающих убеждений и, уделяя через письмо внимание деньгам, откроете канал их поступления. Приведу пример такого обращения с использованием техники Хо'опонопоно:

"Здравствуй, дорогая энергия денег, я так рада, что могу теперь написать тебе. **Мне жаль**, что я раньше с тобой не общалась, что своими предубеждениями не давала тебе повода войти в мою жизнь. Теперь всё будет по-другому, мои двери и окна открыты для тебя. Ты - всегда желанная гостья. **Прости меня**, пожалуйста, что не пыталась ранее пообщаться с тобой, не верила, что вот так, открыто, могу признаться тебе в своих чувствах. Я не умела правильно тебя принимать и расходовать, мне всё время тебя не хватало, я была обижена на тебя и не понимала, что я делаю не так. **Спасибо тебе**, что ты всё же не оставляла меня, а проявлялась в моей жизни, когда мне было необходимо. Я благодарна твоей любви ко мне и моему богатству. Теперь, поняв, что благоприятность в наших отношениях зависела от моего мировоззрения, я буду больше уделять тебе внимания, искренне благодаря тебя за любые проявления. Я призываю тебя в свою жизнь своим открытым умом, своим сердцем, ведь **я люблю тебя**, а мы с тобой - одно целое."

Лотерея - хороший вариант. Как говорится, если хочешь большую сумму денег, заполни для начала, хотя бы лотерею. В книге "Посланник" Клаус Джоул описал технику, с помощью которой он частично зарабатывает себе на жизнь на ..выигрышах в лотерее. Расслабившись, включив звуки поезда, вы визуализируете отъезжающего себя на некую станцию, где приобретаете газету завтрашнего дня, потом садитесь обратно в поезд и пока в своей визуализации едете домой, запоминаете числа завтрашнего лотерейного розыгрыша. Это простой способ, но навыки визуализации здесь должны быть на уровне умелого творца. Ни в коем случае не отговариваю вас попробовать. Если вы поставите себе цель, вы её обязательно добьётесь. Но если вы видите лотерею как единственный способ обогатиться, то вы тем самым создаёте ограничения, неосознанно перекрывая каналы других возможных и невозможных источников доходов. Если и играете в лотерею, указывайте не более одного ряда, этого будет достаточно. Если суждено, то выиграете и с одним рядом чисел, не так ли? Но не делайте выигрыш в лотерею самоцелью, единственным путём обогащения. Попробуйте это в виде игры, наполнив весь процесс от заполнения лотереи до самого розыгрыша, энергией любви. Гармоничное взаимодействие с энергией денег вы также сможете отметить для себя, когда, к примеру, уезжая отдыхать с семьёй на море, вы заполняете лотерейный билет, а по прибытию домой вдруг обнаруживаете выигрыш. Вы счастливо провели время вместе с семьёй, насладились общением, лёгкостью отношений, вы веселы и отлично отдохнули, - вот ключ к вашему благополучию! Вы здесь и сейчас испытываете ощущение счастья, вы благодарны за небо, солнце, семью и друзей, и вы входите в гармонию с окружающим вас миром, где ваши желания начинают сбываться. И я не имею в виду, что нужно ехать на море за своим счастьем, а привожу вам всего лишь пример благоприятного взаимодействия человека с Вселенной и её дарами.

Поездки – это полезные впечатления, вложения в которые в действительности оправдывают себя. Не жалейте, что потратились без материальной выгоды. Ведь вы хотели путешествовать, а значит, и деньги на путешествие пришли к вам не случайно. Перед поездкой я всегда прошу Вселенную предоставлять мне банковские сбережения по возвращению так, чтобы мне не приходилось волноваться о финансовой стороне, пока я наслаждаюсь воспоминаниями об удивительных местах. Мы получаем то, что просим.

Все вложения и приобретения должны вызывать приятные эмоции, которые можно и нужно также осознанно в себе создавать. Профессиональный продавец, к примеру, обязательно свяжется после сделки с покупателем дорогого автомобиля и с помощью правильно составленных вопросов, вызывающих положительные эмоции, поинтересуется, доволен ли клиент своим новым приобретением, расхвалив, естественно, преимущества данного автомобиля, придав тем самым своему клиенту уверенности в правильности выбора.

Деньги любят счёт. Тратьте их уважительно: по необходимости или когда чувствуете, что вещь, так вам понравившаяся, - ваша. Радуйтесь, когда тратите деньги. Ощущайте значимость ваших вложений. Копите деньги на покупку, чтобы избежать потребления энергии долгов.

Мотивируйте себя на богатство! Имейте при себе всегда крупную купюру, но не тратьте её. Присматривайте в магазине всё, что вы смогли бы приобрести на эту сумму. Помогайте своими желаниями богатству найти к вам дорогу – денег станет больше, а вы станете счастливее. Смело позволяйте себе иметь достойный стабильный доход с чётко обозначенной суммой:

- мой доход составляет 20 000 евро в месяц.

Читайте больше о бизнесе и маркетинге, посещайте семинары успешных людей. Встречайтесь с предприимчивыми, жизнерадостными людьми. Обсуждайте идеи, советуйтесь. Превратите свои знания и способности в деньги. Возьмите к себе в компаньоны надёжного человека, хотя бы на первые пару лет. Во-первых, вдвоём – веселее, а во-вторых, вы будете более ответственно относиться к общему делу.

Уделяйте каждый день время на развитие своего денежного сознания, составляя и дополняя списки ваших желаний, ни в чём себя не ограничивая. Мечтайте, визуализируйте себя владельцем острова, шикарной яхты. Представляйте совместные вечера вместе с вашими любимыми актёрами, которые живут по соседству. Составляя списки на бумаге, вы разовьёте в себе не только умение обнаруживать и составлять желаемое, но и, одновременно визуализируя его, обретёте уверенность в его материализации. А именно эти мысли, ощущения и эмоции необходимы в достижении целей. Снимайте ограничения, но оставайтесь человечными, – человек преуспевает без потерь, когда материальное и духовное остаётся в равновесии.

Далай Лама оставил море света, внутреннего спокойствия и счастья после своего посещения финской столицы. Я внимала каждому его слову, и каждое его слово воспринималось энергией, эмоциями, любовью. Я растворялась в его позитивной и волшебной энергетике, проникаясь всё больше и больше благими чувствами и благодарностью ко всему, что окружает меня в жизни. Его святейшество затронул и тему денег на своём семинаре: "деньги - это благо, без денег невозможно дальнейшее развитие". В то же время он отметил, что ошибочно полагать, будто деньги - это всё, - человек, прежде всего, должен обрести душевное спокойствие, гармонию. Человек, обладающий спокойствием духа, притянет и благосостояние. Главное - здоровый, позитивный ум.

ПУТЕШЕСТВИЯ

Вы мечтаете много путешествовать? Тогда вам нужно лишь сказать Вселенной, что вы хотите много путешествовать. Да, так всё просто. Так вы добьётесь появления денег на путешествия. Определитесь с первой поездкой: что и когда конкретно вы планируете посетить. Кстати, о датах. Перечитывая "Я - Магнит", наткнулась на гороскоп своей мамы. Понятно, что никто пока ещё моей книги не читал, а тем более не знает, что за гороскоп я составила. На март у мамы по гороскопу поездка, а ведь действительно, она посетила Прагу именно в марте. Так что, можно сделать вывод, что составленный гороскоп - верен, а планируемое событие заранее, как правило, осуществляется к указанной дате.

Вода имеет память, - неудивительно, что во время утренних пробежек или прогулок вдоль берега вода притягивает к себе, с ней хочется общаться. Я часто в своих медитациях иду мысленно к морю, отдыхаю и набираюсь сил. Море меня не отпускает, когда нужно уже уезжать домой, оно меня зовёт, когда мы находимся в ожидании очередного отпуска. Поэтому путешествовать я очень люблю, и мне нравится открывать для себя новые места и побережья.

Очень хотелось увидеть сказочную Ниццу, ощутить её именно такой, какая она на картинках. Но я бредила поездкой совсем в другое место. Картинка, где я мчусь на кабриолете вдоль моря, а платочек на голове весело развевается, стала вдруг сама по себе возникать в моих мыслях. Она будоражила мой мозг своей ненавязчивостью, лёгкостью и красотой. Мне нравилось возвращать её в свои мысли, - что-то сказочное и непринуждённое в ней было. Картинка мне помогала даже трансформировать своё настроение в состояние какой-то невесомости, - разум подключался к игре в ассоциации. И хоть она возникала в голове всё чаще и чаще, я никак не связывала её появление с реальным путешествием в Ниццу. Поездка в страну, в которую я жаждала поехать, ну никак не хотела "организовываться", - что-то всё время мешало. И тут вдруг сосед заявляет во время дружеской посиделки, что его послали (кто-то и откуда-то сверху) мне передать важную информацию: "Не торопи события, всему своё время". А дальше ещё интересней: "Езжайте в Ниццу". Естественно, о моей картинке с кабриолетом и развевающемся платочке никто не знал. Его слова помогли мне разложить всё по полочкам. Я уловила какой-то важный смысл такого напутствия и смело заказала поездку в Ниццу. Ах, какие это счастливые моменты, когда ты вдруг в своей действительности оказываешься в картинке, которая когда-то просто придумалась!

Ницца и окрестности открыли удивительные места, которые заставили моё сердце биться чаще, проникнуться любовью к французской душевности и красоте, и... воодушевиться на написание книги.

Если вы мечтаете увидеть Эйфелеву башню, найдите фотографии, просматривайте их каждый день, представляйте своё предвкушение от увиденного, прогуливаясь по Парижу. Слушайте песни про Париж, говорите вслух:

"Bonjour, madam/ monsieur, pardon,

Excusez-moi, salut, merci,

S'il vous plaît,

Paris,

Je t'aime,

C'est belle journée,

C'est la vie!"

(импровизированный стих)

И важна не цена поездок, а то, какую именно цель вы для себя ставите. Если вы мечтаете отдыхать каждый год на Мальдивских островах, то и это – осуществимо! Найдите фотографии пляжей, отелей, вложите в эту книгу и просматривайте их как можно чаще. Представляйте, как вы безмятежно попиваете экзотический коктейль, нежитесь на берегу, как прогуливаетесь по мягкому белоснежному песку, а вода ласкает ваши ноги. Встречайте мысленно восходы и закаты, любуйтесь красотой, дышите полной грудью.

Колесо желаний или напутствие

Когда человек вдруг осознаёт, что с помощью силы мысли может повлиять на ход событий в своей жизни, получить, наконец, желаемое, ему непременно хочется затронуть сразу все стороны жизни: получить дом мечты, яхту, много путешествовать, быть всегда здоровым, иметь счастливую семью, богатую и успешную жизнь. Концентрация позитивных мыслей на всех областях одновременно рассеивает внимание и не позволяет сосредоточиться на одном или двух желаниях.

Я хочу поделиться с вами своим изобретением, которое поможет вам визуально и внутренне прочувствовать работу закона притяжения, а также станет вашим надёжным инструментом в материализации всего вами задуманного. Вам наверняка знакома карта желаний, которая, несомненно, имеет свойство притяжения. Я же хочу предложить использование более мощного инструмента, который будет напоминать вам о составляющих элементах, необходимых в успешной материализации, вселять веру и привлекать вас к совместной творческой работе. Колесо Желаний откроет вам путь к созидательной концентрации, создаст все условия для значительного рывка вперёд.

Нарисуйте большой круг, разделите его на семь одинаковых по величине сегментов и раскрасьте каждый из участков по своему усмотрению. Обозначьте каждую часть стрелкой, символизирующей вращение, и поместите своё Колесо Желаний на видном месте. Подпишите каждый из участков:

➢ Любовь и семья

➢ Работа

➢ Своё дело

➢ Здоровье

➢ Путешествия

➢ Деньги

➢ Взаимоотношения

Конечно же, вы вполне можете подобрать свои собственные направления и сферы жизни.

Поместите свою фотографию в центр вашего волшебного инструмента или материализатора. Соберите и прикрепите распечатанные из интернета или вырезанные из журналов образы ваших желаний на соответствующие участки круга. Дому, яхте, даче - место на участке "Деньги". Дайте этому участку направление. Вы можете прикрепить слово "Идеи" на участок "Своё дело". Используйте картинки, ассоциирующиеся со здоровьем и взаимоотношениями на соответствующих им участках.

Выберите два наиважнейших на данный момент участка и сконцентрируйте всё своё внимание и энергию на проявлении в вашей реальности именно этих образов. Пусть это будут, к примеру, фотографии, олицетворяющие счастливую семью и богатство.

Заполните теперь все картинки словами и энергиями любви и благодарности. Так вы запустите механизм вращения колеса, вступите на золотую дорогу своего благополучия и процветания. Вы станете всадником колесницы, господином и творцом своей жизни. Начав движение и уделив достаточное внимание самым актуальным моментам, впоследствии, вы сами сможете решать, какая сфера жизни нуждается в более частой визуализации, не беспокоясь при этом, что какая-то из частей останется на время не затронутой вашими мыслями. Двигатель станет вечным, вращение будет только усиливать воздействие сил любви и благодарности, наполняя их энергиями все ваши желания, вне зависимости в каком участке вы на данный момент работаете. Магнетизм двух выбранных вами желаний затронет материализацию и всех остальных.

Важно здесь поддерживать сам процесс пути, работу Колеса, регулярно посылая своим желаниям любовь и благодарность.

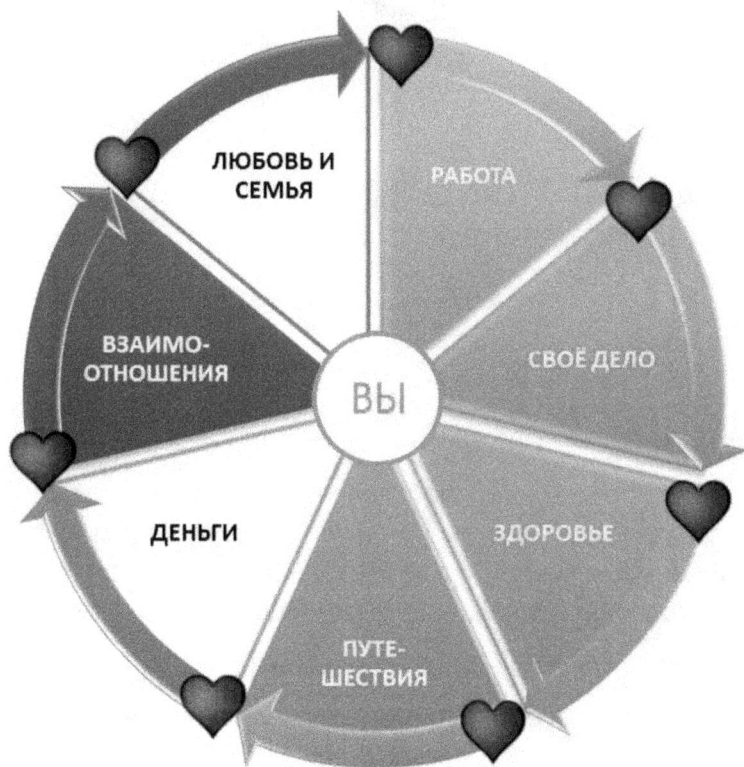

Колесо Желаний

Спасибо!

Я - счастливый человек, потому что благодарна близким мне людям, всем тем, кто существует в моём мире, встречается на пути, потому что благодарна за жизнь, которой живу.

Я благодарна себе за то, что осознанно взяла ответственность за всё, что происходит в моём мире, что каждый день уделяю время своей мечте. Я благодарна за дар Любить.

Я говорю "люблю и спасибо" всем своим близким людям и друзьям. Я люблю и благодарю свою дочь-волшебницу за её смех, её непосредственность и стремления. Я люблю и благодарю своего идеального и любящего мужа за умение меня слушать, поддерживать, за веру в меня. Я люблю и благодарю родителей за свою счастливую жизнь, за их участие и любовь. Я люблю и благодарю свою драгоценную маму за бесценную помощь в развитии нашего ребёнка, за женскую силу, нежность, ум, за всё прекрасное, что она вносит всегда своим появлением. Я говорю: "Спасибо тебе, родная, за то, что вдохновляешь меня на новые и новые свершения, спасибо за любовь ко мне и моей семье, спасибо за твои просьбы о счастливой жизни для меня и твоё участие в создании благополучия нашей семьи".

Я благодарна Далай Ламе, что научилась проникновению, созидательности к миру и всему живому, за духовное обогащение. Я благодарна Ронде Берн за осознание своей внутренней силы. Я благодарна Джо Витале за его энергию и мудрость, за вдохновение, которое он излучает и которым заряжает людей. Я благодарна Стиву Г. Джонсу за проникновенные тренинги по НЛП. Я благодарна Паоло Коэльо за те изменения в жизни, которые произошли благодаря его книгам. Я благодарна Клаусу Джоулу за понимание силы Любви и Бёрт Голдману за квантовый переход.

Огромное спасибо моим подругам Людмиле Сорвоя из Оулу и Марине Морозовой из Москвы, которые любезно согласились и оказали бесценную помощь в редактировании русской версии книги.

Огромное спасибо Юлии Затуло из Санкт-Петербурга, которая оказала значимую помощь в редактировании английской версии "I'm Magnet".

Я благодарна вам, мои дорогие читатели, что сделали возможным проявление этой книги.

Пишите, я буду очень вам признательна за ваши отклики и письма о ваших начинаниях и успехах любой величины: book@immag.net.

Я желаю вам лёгкости и вдохновений, пусть весь процесс от осознания желания до его материализации, будет насыщен положительными эмоциями, радостью и любовью.

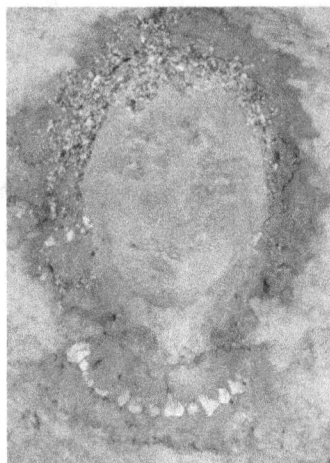

Она смотрит на море с безмятежной улыбкой любви,

Чудом возникнув в скале из глины...

Она проявляется из души глубины

Когда ты обрёл вдохновения огни.

- Елена Гущина

(выполнена на прибрежной глиняной скале, на греческом острове Кефалония, 2012)

Послесловие

Я никогда ранее не писала книг, но обретение счастливой внутренней гармонии привело меня к вдохновению, которое поспособствовало осознанию направления в реализации творческой энергии. Книга написана интуитивно, а потому, прошу, не судите строго.

Ощущение счастья окрыляет. Всего несколько минут в день уделяя внимание тем прекрасным моментам в жизни, что мы имеем, мы можем полностью изменить нашу жизнь.

Я с нетерпением жду ваших отзывов, ваших удивительных историй. Скажу вам честно, моей самой большой мечтой является побудить каждого из вас к действию, к созданию своего творения или написанию своей собственной книги. Пишите мне на book@immag.net или оставляйте свои отзывы на сайте immag.net. Жду вас!

Продолжение следует...

Дневник благодарности и успеха

Поздравляю вас с успешным осмыслением своей жизни!

Моей целью не было научить вас чему-то новому или поменять ваши устои. Те, кто практикует силу мысли, понимают: "Я - Магнит" является своего рода будильником, побуждающим к необходимым действиям и пробуждающим к использованию своей внутренней силы через уже эмоциональную пропитанность своей осознанности и своих образов, возникших по прочтении.

Вам решать, куда направить свою творческую энергию. Пусть эта книга станет вашим личным помощником в делах. Усильте её силу, работающую именно на вас, с помощью благодарностей, которые вы будете добавлять, перечитывать, которым вы будете уделять внимание, а вместе с тем, и усиливать энергию книги.

Обновляйте свои в ней записи. Возвращайтесь каждый раз к написанным ранее благодарностям, перечитывайте и записывайте новые свои успехи.

Далее я предлагаю вам дневник для вашей дальнейшей самостоятельной работы, куда вы сможете вносить благодарности к различным событиям и ситуациям вашей жизни, а вместе с тем и пополнять то, что приносит вам радость. Возможно, первые дни нелегко будет вписать что-либо, но пусть это будут для начала ваши небольшие наблюдения, которые вам доставили в той или иной степени приятные эмоции: "отличная погода весь день" или "приятно пообщалась с подругой". Впоследствии, поверьте, почувствовав пользу и научившись замечать хорошее, вам будет трудно остановиться в написании, - так может увлечь замечание того, что Вселенная вам посылает.

Уделяя внимание всего нескольким приятным моментам за день, вы говорите Вселенной: "Я ценю это!", и она радостно преумножает ваше благополучие в ответ, посылая вам всё больше приятных сюрпризов.

Дневник благодарности и успеха

Дневник благодарности и успеха
Здоровье

Дневник благодарности и успеха

Дневник благодарности и успеха

Взаимоотношения

Дневник благодарности и успеха

Дневник благодарности и успеха

Любовь и Семья

Дневник благодарности и успеха

Дневник благодарности и успеха

Деньги

Дневник благодарности и успеха

Дневник благодарности и успеха

Работа

Дневник благодарности и успеха

Дневник благодарности и успеха

Своё дело

Дневник благодарности и успеха

Дневник благодарности и успеха

Путешествия

Дневник благодарности и успеха

Книги я рекомендую

- ”Алхимик” и ”Брида” - Пауло Коэльо
- ”Возлюби болезнь свою" - Синельников В.В.
- ”Где мой сыр?” - Спенсер Джонсон
- ”Думай и Богатей” - Наполеон Хилл
- ”Жизнь без Ограничений” - Джо Витале, Ихалеакала Хью Лин
- ”Жизнь на другой стороне” - Сильвия Браун
- ”Иллюзии” - Ричард Бах
- ”Монах, который продал свой Феррари” - Шарма Робин
- ”Основы рейки” - Дайяна Стайн
- ”Полный курс Рэйки” - Мастер Нахаро и Гейл Редфорд
- ”Получение помощи от другой стороны по методу Сильва” - Хозе Сильва, Роберт Б. Стоун
- ”Посланник” - Клаус Джоул
- ”Сам себе волшебник” - Гурангов В.А., Долохов В.А.
- ”Секрет миллионера” - Фишер Марк
- ”Сила намерения” - Синельников В.В.
- ”Скрытые послания воды” - Масару Эмото
- ”Тайна” и ”Сила” - Ронда Берн
- ”Трансерфинг Реальности” - Вадим Зеланд
- ”Управление мышлением по методу Сильва” - Хосе Сильва, Берт Голдман
- ”Философские сказки” - Козлов Н.И.

Мои друзья

AL PHOTOGRAPHY

www.activelines.net

ANNA GAV JEWELRY

annagav.com

SurvivalTech Nord

www.survivaltechnology.net

G E N R E   W O R K S

www.genreworks.com

BeautyRoom BELLAGIO

www.beautyroombellagio.fi

findows

www.findows.fi
www.findows.ru

InnoTrain

www.innotrain.fi

Людмила Сорвоя

Переводы РУС-ФИН

vk.com/id5119981

Юлия Затуло

Переводы РУС-АНГ

vk.com/id278006

Tmi Kaisa Sainkangas

www.kaisasainkangas.com

Людмила Ньюман

Лайф коучинг

goo.gl/nyK9KS

Царские Цацки

vk.com/club53965941

Viarenich Olga photography

goo.gl/8ocMXF

Glam Lady

www.facebook.com/ljubasha.shtepa

Павел Абрамов

Ремонт электроники

goo.gl/xRLN05

Наталия Укконен

Зубной техник

goo.gl/XX2O62

Продолжить общение...

immag.net

Елена Гущина

Я - МАГНИТ

immag.net
#immagnet
book@immag.net

Book and cover design by Elena Gushchina.

ISBN 978-952-68354-2-6 (Мягк.обл.)
ISBN 978-952-68354-3-3 (EPUB)

* 9 7 8 9 5 2 6 8 3 5 4 2 6 *